JN098506

第 2 版

ユーキャンの
発達障害の子の
保育 さいしょの一冊

# はじめに

　近年、「発達障害」のある個性豊かな子どもたちの存在が広く知られてきました。

　発達障害のある子どもの多くは、知的な発達が遅れているわけでも、身体に目立った障害があるわけでもありません。できることとできないことが極端で、いろいろな能力がバランスよく育っていないという特徴が目立ちます。そのために保護者の方が育てにくさを強く感じる場合もあり、保育所や幼稚園ではほかの子どもたちとはどこか違って見える場合もあります。

　そのために周囲から「自分勝手だ」「マイペース過ぎる」「努力が足りない」「わがままだ」などと思われることも多いようです。集団での行動がうまくいかないことも少なくなく、仲間とのトラブルが目立つこともあります。家庭や保育所、幼稚園などで、保護者や保育者は発達障害の子どもをどう理解し育てていけばよいのか悩むことも多いと思います。

　発達障害は保護者のしつけや育て方に問題があるといわれることもありますが、決してそうではなく、子どもの発達そのものの特徴なのです。こうした障害は発達の多様性の表われであり、「個性」として受け止めていくことが必要です。また、発達障害の子どもが素晴らしい能力を内に秘めていたとしても、ただ放っておくだけでは、その個性を十分に発揮させたり、伸ばしたりすることはできません。反対に自信を失ったり、子ども自身の心が傷ついてしまったりすることもあります。

　こうした子どもたちの特徴を早くから理解し、その成長をていねいに見守り、子どもが求める適切な支援をしていくことが何よりも大切だと私たちは考えます。

上野一彦（東京学芸大学名誉教授）

もくじ

## 本書の構成と使い方

### 「気になる子」が見つかったとき

- 「発達障害の子の気持ちに寄り添うための10のポイント」では、発達障害の子どもに接していくための基本的な心がまえをまとめています。まず、最初に読んでみましょう。
- 第1章「発達障害を理解しよう」では発達障害とは何か、またLD・AD/HD・自閉症について、最新の知見に基づき詳しい解説をしています。まず、基本的な知識を身につけておきましょう。

### 「気になる子」への対応に困ったとき

- 第2章「『気になる』と感じたときの対応」では、「保育所保育指針」「幼稚園教育要領」の内容を踏まえ、気になる子の観察や、その対応についてポイントをまとめてあります。
- 第3章「シーン別・保育のポイント」では42のシーン別に、チャート式で子どもの行動と対応を説明しています。
- 第5章「園で連携して行うサポート」では保育者個人だけでなく、園のスタッフ全員が連携して支援を行うためのポイントをまとめてあります。

### 「気になる子」の保護者への対応に困ったとき

- 第4章「保護者への対応のポイント」では、保護者とのコミュニケーションや、保護者の気持ちに寄り添うためのノウハウを解説しています。

### 「気になる子」のための指導計画を書きたいとき

- 第5章「園で連携して行うサポート」では、発達障害の子どもへのさまざまな指導計画の書き方を、実例を交えて解説しています。

---

## 第3章「シーン別・保育のポイント」の使い方

**1** 「日常生活」「遊び・行事」「友達との関わり」の各カテゴリーごとに、42のシーンを取り上げています。気になる子に当てはまるシーンを探してみましょう。

**2** YES/NOチャートで、**A**〜**D**の中からその子に当てはまる項目を探しましょう。複数の項目が当てはまる場合には**A**から順に対応していきましょう。

重要なポイントは色文字で強調しています。しっかり頭に入れておきましょう。

### 遊び・行事編

#### 読み聞かせや紙芝居に関心がない

気になる ポイントチャート

読み聞かせや紙芝居に関心がない → 自分の興味がないことには参加しない → じっとして聞くことが苦手 → 話の内容が理解できない → 大勢の子どもが集まるのが苦手

→ YES → NO　**A**へ　**B**へ　**C**へ　**D**へ

**A 自分の興味がないことには参加しない**

興味や関心の紙囲がせまい子どもの場合は、活動に参加させるよりも、まず興味を広げていく工夫をしましょう。

| Step1 | Step2 | Step3 | Step4 |
|---|---|---|---|

**B じっとして聞くことが苦手**

勝手なおしゃべりはほかの子どもたちのじゃまになります。「よいしょ」など絵本のセリフを一緒に言ったり、動けるような場所を確保したりするなどの工夫をするとよいでしょう。

| Step1 | Step2 | Step3 | Step4 |
|---|---|---|---|

**C 話の内容が理解できない**

絵本の内容に興味がないのではなく、言語の理解につまずきがあるからかもしれません。ほかの場面で指示理解の様子や語彙能力、日常の理解力をチェックしてみましょう。

| Step1 | Step2 | Step3 | Step4 |
|---|---|---|---|

**D 大勢の子どもが集まるのが苦手**

触覚過敏があると、ほかの子どもとの輪の中で床に座って聞くのが苦痛かもしれません。また、聴覚過敏がある子どもは、ざわざわした中では、保育者の読む声が耳に入らにくいかもしれません。

| Step1 | Step2 | Step3 | Step4 |
|---|---|---|---|

◆多動があることが原因かも

座っていても身体のどこかを絶えず動かしていたり、立ち歩いてしまったりと、じっとしていることがむずかしいAD/HDの子どもは、「じっとしなさい」と言われると、身体を動かさないことにだけ意識が向かって、話がきちんと理解できないことがあります。反対にこそこそなどがない場合もあるので、あまり聞くときの態度を注意しないほうがよいでしょう。

◆文と絵の関係がわからない

今読んでもらっている内容と、絵本の絵がどのようにつながるのがわからないことがあります。これは、言葉の理解ができていない、絵の理解ができていない、状況の理解がむずかしいなど複数の原因が関係していると考えられます。

最初に、登場人物の絵を指差しで名前を確認してから読み始めたりすることで、理解しやすくなります。

第3章 シーン別・保育のポイント 遊び・行事編

112　113

**3** YES/NOチャートで当てはまった項目について、それぞれの原因や対応を解説しています。

**4** 3〜4段階のスモールステップでの対応を紹介しています。一つずつクリアを目ざしましょう。

---

本文中のマーク

＊……162ページ「発達障害の理解に役立つ用語集」で取り上げている項目です。
★……166ページ「サポートに役立つアイディア＆グッズ」で解説を掲載している項目です。

# 発達障害の子の
# 気持ちに寄り添う
# ための
# 10 のポイント

# 1 子どもは「みんなちがって、みんないい。」

### 「障害」は個性の表れ

「みんなちがって、みんないい。」この言葉は、詩人金子みすゞの『私と小鳥と鈴と』という詩の最後のフレーズです。発達障害のある子どもを理解しようとするとき、これほどぴったりの言葉はありません。発達障害の子どもたちは、どの子もとても個性的です。何歳になると何ができるようになる、といった一般的な成長の姿は「定型発達」と呼ばれます。発達障害の子はそうした定型発達の姿から見ると、ずいぶん違って見えることが多いものです。

子育てや保育に当たっては、どうしても周りの子どもの育つ姿と、比較してしまうことが多くなります。十人十色という言葉があるように、10人の子どもがいればそれぞれみんな違った個性があって、同じ子どもはいないのです。発達障害の子どもはたしかに個性的な存在ですが、それがこの子どもたちの特徴だと思うことから始めなければいけません。

### 障害は「ある」「なし」ではない

もう一つ、大切なことがあります。障害という言葉を使うとき、特別な支援の必要な障害のある子どもと、支援の必要のない普通の子どもの2種類の子どもがいると考えがちです。でも、そうした区別そのものがおかしいのです。障害は重いものから軽いもの、そして「普通」といわれている子どもまで連続しているのです。

発達障害は、障害としては気づきにくく、支援の必要性もわかりにくいといわれます。一人一人の子どものそうした支援のニーズに気づき、タイムリーに手厚く支援をすることが心の行き届いた保育であり、教育なのです。

# 2 育て方やしつけのせいで、発達障害になるのではない

## 頭の中の働きに特徴がある

　「親の育て方やしつけのせいで発達障害になる」と考える人がいます。これはまったく誤った考え方です。発達障害は、その子どもの生来の育ちそのものに、その特徴を生みだす原因があるとされます。

　発達障害のさまざまな特徴は、子ども自身の発達過程の中に埋め込まれている、といってもよいでしょう。つまり、目や耳や手足など、身体に直接関係する障害と違って、ものを判断したり、組み立てて考えたり、記憶したり、自分自身をコントロールしたりする頭の中の働きに特徴がある、という考え方です。

## 周囲から目立ってしまう

　発達障害の子どもたちは、一般の多くの子どもたちとは上記の点で少しだけ特徴が目立つ（個性が強い）学び方をします。特徴が目立つと、みんなとは違う子だと周囲の大人や友達からも特別な目で見られやすいのです。その結果、「親の育て方が悪いからだ」「きちんとしつければいいのに」

などと、保護者の育て方やしつけのせいにされることもあります。

　発達障害の子どもに育てにくさがあるとすれば、それも子ども自身の発達の特徴なのです。けっして、育て方やしつけのせいではありません。だからこそ保護者と周囲の人が、その子どもの学びにくさや特徴を理解して、ていねいに対応していかなければならないのです。

　発達障害の子どもは学べない子ではありません。学び方に特徴があり、学ぶのに時間のかかる子どもなのです。

# 3 保護者には「なんでもない」の安請け合いより、専門家への相談を

### 「怒る保護者」と「頼る保護者」

子どもの発達に何か気がかりなことがあり、保育者が心配して保護者にそのことを伝えたとき、保護者の取る態度には2つあります。

一つは、思いがけない強い反応を見せる保護者です。「そんなことはない、ただの思い過ごしだ」と無視したり、「失礼なことを言う」と怒ったりする場合もあります。もう一つは、よい相手が見つかったと、何でもかんでも「どうしたらいいでしょう」

と保育者に頼りきってしまう保護者です。ときには保育者の「たいしたことはありません」「ずいぶんよくなりました」などの言葉にとびついて安心し切ってしまうこともあります。

どちらも、子どもの育ちを心配し、子どもを思うがゆえの反応です。それほどに保護者は深いとまどいや悩みを内側に抱えているのです。

### 気づきは早く、ていねいに

子どもの発達に対する気づきは早く、かつていねいに見ていくという姿勢で臨みましょう。ここで大切なポイントは、専門的な相談が必要と感じたら、早めに話すことです。その後の育ちが順調に進み、気がかりなことが減っていくようならば「よかったですね」と一緒に喜びましょう。

「なぜもっと早く相談してくれなかったのですか」という保育者の言葉は、保護者を後から苦しめます。いつでも保護者からの相談を受けられる信頼関係を築き、そこから専門家への相談につなげていくことが大切なのです。

# 4 目標は低めに、手立ては具体的に、成功する喜びを大切に

### 「やる気」を育てるほめ方

子育ての中で、一番子どもを伸ばすのは、子どものやる気を育てることだといわれます。では、どうすれば子どものやる気は育つのでしょうか。

励ましやほめることの大切さは、よく知られていますが、その方法には2通りあります。それは、全体的なほめ方の「みんながんばろうね」「今日はよい子でしたね」と、具体的なほめ方の「○○をがんばりましたね」「○○がちゃんとできましたね」です。

もちろんどちらも大切です。前者はみんなと一緒に達成感を味わうなど、その場の心地よさを増すかもしれません。でも後者はもっと大切で、子どもの心に届くほめ方です。何がほめられたかがよくわかることで、子どもはきっとそのことを繰り返しやろうとするでしょう。

### 小さな成功を積み上げる

何かができるようになるには、いろいろな段階があります。発達障害のある子ども

に対しては、「みんなはできるよ」ではなく、その子どもにとって何ができるのか、何ができそうなのか、その見極めが大切です。

まずは、その子どもに合った小さな目標を課題にして、積み上げていきましょう。同時に、何をがんばればよいのか、具体的に子どもにわかるようにすればよいのです。そうすれば「できたね」「やれたね」とほめるチャンスを増やせますし、次の課題にも取り組もうと、やる気を起こさせます。こうした励まし方やほめ方は、子どもが成功感を感じられるための基本的な方法です。

11

# 5 「慣れさせる」や「がまん」を強要しない

## 発達障害の子どもの心は繊細

発達障害のある子どもは、知的には遅れていないケースが多く、とても敏感で、傷つきやすい子どもたちです。

何とか仲間たちと同じように行動させようと、励ましのつもりでかけた一言が、その子にはとても重く感じられたりします。周りの子どもたちが保育者の真似をして「○○ちゃん、一緒にがんばろう！」と親切にしたり、仲間に入れようと誘ったりす

ることが、負担になる場合もあります。

また、見えるものや聞こえる音にとても敏感で、怖がったり、とても強い興味を引かれたりすることがあります。カーテンの揺れる様子を飽きずに見ていたり、柵の間からちらちら目に入る電車の動きや音を、好んでいつまでも見ていたりすることもあります。また、音楽の音量が少し大きかったりすると耳を押さえてうずくまってしまったり、太鼓のドーンという低い音をものすごく怖がったりすることもあります。

## 子どもの感じ方を想像する

これらのことは、保護者や保育者のような身近にいる大人でもなかなか理解できないことです。しかし、その子がどのように感じているかを想像する、相手の身になって考える、ということが大切なのです。

子どもに「慣れさせる」や「がまん」を強要せずに、発達障害の子どもの身になって考え、柔軟に対応することのできる保育者は、子どもにとっても信頼のおける最高の保育者といえるはずです。

# 6 子どもを追いつめずに、その子に合った方法を

## 期待が子どもを追いつめる

発達に凸凹がある子どもは、何か一つ得意なことがあれば、ほかのこともできるようにとらえられがちです。「○○が上手にできるのだから、□□もできるはず」というわけです。また、子どもの特性を無視した「○歳なのだから、これぐらいできて当たり前」のような一般論からの思い込みも、子どもを追いつめてしまいます。

保育者も保護者も、子どもの成長を期待するあまり「できるはず」と思い込んだことをよく吟味せず、子どもに投げかけて、がんばらせようとしてしまいがちなのです。

このような場合、子どもは大人の言うことを一生懸命聞いてやってみるのですが、うまくいかず「自分は何度やってもできない」ということを、繰り返し学習することになってしまいます。自信を失った子どもは、「やりこなせる」というイメージを持てず、本当はできることに対しても意欲を失い、努力もしなくなってしまうでしょう。

## その子自身の特性と向き合う

物事をうまく遂行することができないそもそもの問題を、一次的な障害と呼びますが、そこから問題が派生して、自信や意欲を失うなどの二次的な障害＊が生じる場合があります。このことは、できるかぎり予防に努めなければなりません。

二次的な障害を避けるために、まずは「この子ならできるはず」や「○歳なのだからこれができないとおかしい」といった先入観や一般論を取り払って、その子自身の特性を十分に理解しましょう。そして苦手なことに取り組もうとするときは、やみくもにがんばらせるのではなく、その子に合った方法を工夫してあげることが大切です。

発達障害の子の気持ちに寄り添うための10のポイント

13

# 7 子どもの気持ちに寄り添うコツは、「具体的に伝える」こと

### 子どもは「ちゃんと」がわからない

同じことを、何回も繰り返し注意される子どもがいます。「何回注意しても、まったく身につかない……」となげく前に、注意の仕方を振り返ってみましょう。

じっと座っていられない子どもには「ちゃんと座りなさい」と注意するよりも「おしりがいすから離れていないかな？」と声かけをしてみましょう。その方が、子どもはどうしなければならないかをイメージしやすくなります。

「ちゃんと」「きちんと」「普通に」などはよく使われる言葉で、つい口に出してしまいますが、抽象的でわかりにくい表現なので注意が必要です。伝える内容があいまいだったりすることも避けましょう。

### 共感できれば伝えられる

また、病院で注射を怖がる子どもに「大丈夫よ」とか「怖くないよ」と励ますことがあります。大人には「大丈夫で怖くない」ことでも、子どもにとってはそうではありません。このようなときには、怖がっている気持ちに共感しながら「チクッとする間、手を握っていてあげるからね」と励ましたり「5数えるうちに終わるから聞いていてね」とその局面の乗り切り方を具体的に伝えたりすることが大切です。

伝えたい内容が具体的であっても、言葉がけだけでは子どもがうまくイメージできないこともあります。そのようなときは、具体的な説明とともにイラストや図、シンボルなどを添えて、視覚からも情報を取り入れて、イメージしやすくなる工夫をしてあげるとよいでしょう。

# 8 「不得意な面」の裏に隠れた「よい面」を見つけ、育てる

### 「よい点」はかならずある

サポートを必要とする子どもは、不得意な面ばかり注目されて、得意な面、よい面はあまり注目されないことがあります。しかし、どの子どもにも得意なこと、いきいきと活動できることがあるはずです。そこに注目するようにしましょう。

二次的な障害＊を防ぐためにも、「やればできた！」「うまくできてほめられた！」という経験は必要です。まず、子どもがどんなことに力を発揮できるか、ていねいに観察してみましょう。

たとえば絵をかくときに、うまく構成できない子どもには、輪郭がぎこちなくても塗り方がていねいだったり、色の使い方にセンスがあったり、見落としていたよい点が見つかるかもしれません。

その子の得意な面がわかったら、その力を活動の中で十分に発揮できるよう、工夫しましょう。絵画は苦手だけれど立体的なねんど細工は得意な子どもは、作品展などの共同製作では立体的な工作の部分を受け持つとよいでしょう。また、手先の細かい作業は苦手だけれど、鬼ごっこは得意だという子どもは、日々の遊びや運動会のリレーなどで、自分の得意な面を確認することができるでしょう。

### 短所は長所の裏返し

また、短所と長所は表裏一体のものでもあることを忘れないようにしましょう。たとえば、手順や仕上がり具合にこだわって、いつも同じように物事を遂行するという固執性は、几帳面さや確実さにもつながります。苦手なことの後ろに隠れて見落とされがちな子どもの得意分野の能力を、存分に引き出していきましょう。

# 9 時間がかかっても、やりとげる喜びを

### 「早く、早く」は大人の都合

集団生活では、集団のペースに乗れない子どもが目立ってしまうものです。保育のスケジュールは決まっていますから、つい「早く、早く」とせかしてしまうこともあるでしょう。

しかし、たいていの場合、子どもは手先の不器用さ＊や注意の散漫さのために時間がかかっているので、「早く」という言葉がけだけでは問題の解決にはなりません。

「時間がかかっても、やりとげることができる」という経験を大切に、活動の時間配分を考慮して、最後まで活動し切れるような援助をして、達成感を得られるように工夫していきましょう。

# 10 保育者は、保護者の心強いサポーター

### 保護者のストレスに寄り添う

発達に偏りのある子どもを育てることは、かなりエネルギーのいることです。日々の育児ストレスで、保護者自身が心身の健康を損なってしまうこともあります。

子どもの笑顔の土台は保護者です。保育者が、保護者の気持ちに寄り添いながらサポートすることが、ひいては子どもの支援につながるといえるでしょう。

保護者には「○○しましょう」などの助言だけでなく、現在努力していることをねぎらって、励ますことも大切です。「保護者だけで孤軍奮闘しているのではなく、保育者という心強いサポーターが近くにいる」ということを継続的に伝えましょう。

# 第1章

# 発達障害を
# 理解しよう

# 発達障害を理解しよう

園の中で「気になる子」の存在に気づくことがあります。
まずは、個性を理解し、その子の立場になって、
どのような支援が必要かを考えることが大切です。

## ● 「障害」と「健常」は連続している

「障害も一つの個性」という考え方があります。そんなふうには割り切れないという場合は、「障害は理解と支援を必要とする個性」と言い換えれば少しわかりやすくなるかと思います。

障害と健常（障害に対してそうではない状態）という分け方は、そのまま支援が必要かどうかという意味でもあります。実際にはこうした状態は、障害が重い人から軽い人、さらには健常との間に線を引けない中間的な人まで連続していると考えるのが自然です。これは障害を理解するうえで大切なポイントです。

## ● その人に合わせた理解と支援を

障害も一つの個性と考えれば、「障害」と「健常」という2つの言葉の間に線を引く必要はありません。障害も、それぞれの個性をどう理解し、どのような支援が必要なのかを、その人の立場になって考えればよいわけです。

大切なことは、実際に障害のある人を排除したり、差別したりするのではなく、一緒に暮らす社会（共生社会）＊が当たり前で自然な社会であると考えられるかどうかなのです。

## いろいろな発達障害

わが国で発達障害という場合、法律（発達障害者支援法）で定められた LD（学習障害）、AD/HD（注意欠如・多動性障害）、自閉症が主なものです。下に簡単にまとめています。

## LD（学習障害）

LDは、全般的な知的発達に遅れはないのに、認知能力（知的な働き）に特徴があって、特定の学習の遅れやつまずきを見せやすい子どもたちです。

## AD/HD（注意欠如・多動性障害）

AD/HDは、注意の集中の問題や、多動＊（落ち着きがなく動きが多いこと）や衝動性（予想のつかない突然の行動）といった行動面で目立つ特徴を持つ子どもたちです。

## 自閉症

自閉症は、人との関わり方やコミュニケーションの発達や、固執性（一つのことにこだわりやすい）などに特徴があり、集団の中での適応に課題の目立つ子どもたちです。
知能が遅れていない自閉症を高機能自閉症、さらにコミュニケーションの発達に問題がない自閉症をアスペルガー症候群と呼ぶ場合があります。

# 早い時期の「気づき」を大切に

発達障害の子どもの支援で、大切なことは、
いかに早く障害に気づいてあげられるかです。
発達障害の子には、よくみられる共通の特徴があります。
日々の行動や習慣をていねいに見ていきましょう。

## ● 障害ごとの「気づき」の時期

　発達障害はその種類によって、「気づき」
の時期が違ってきます。

　LD の子どもは学習面の問題を持つので、

小学校の就学前後から低学年の段階で気づく
ことが多いようです。しかし記憶力がよい場
合などには、もっと後になるまで気づかれな
いケースもあります。

　AD/HD の子どもは行動面で目立つので、
気づきは 3 歳前後からと比較的早いようで
す。しかし、10 歳以降になると行動的には
落ち着いてきても、集中力が続かない問題や
転導性 ( 気の散りやすさ ) は残る場合があり
ます。最近は、こうした症状をやわらげる薬
の開発が進んでおり、医療と保育・教育の連
携が大切です。

　自閉症も典型的な行動特性を持つところか
ら、その気づきは早く 3 歳前後からといわ
れています。学び方や行動面で目立つ特徴が
あり、自分なりの行動を取りやすいところか
ら専門的な関わりが必要です。

## ● 気づきは早く、ていねいに育ちを見ていく

　こうした発達障害の気づきは、その後の理解や関わり方とも関係するので早いほうがよく、専門的な支援の中でていねいに育ちを見ていくことがポイントです。

　同じ診断名でも、子どもによって違った特徴、違った対応が有効なこともあり、また、いくつかの発達障害が重なって表れる場合もあるので、診断名だけにとらわれることなく、子どもの特徴や課題をしっかり見ていくことが大切です。

## ●「気づき」のポイント

　発達障害のある幼児によくみられる特徴を挙げてみます。

・大きな音や特定のものを異様に怖がる
・落ち着きがなく、片時もじっとしていない
・決まった遊びや、同じことを繰り返す
・手先の不器用さ＊が目立つ
・ボール投げやスキップが苦手
・刺激が多いところではがまんできない
・忘れものが多かったり整理がとても苦手
・仲間からはずれがち
・場所や位置をよくまちがえる
・何度言っても指示がよく伝わらない

● 40 〜 41 ページでより詳しくポイントを説明しています。

　こうした特徴が目立つ場合には専門家に相談することをおすすめします。専門家の診断なしに、保育者が勝手に診断名を口にすることは、避けなければなりません。

　専門家も診断名をつけることを急いだり、一つの診断名だけにこだわったりせずに、そうした疑いのある子ども（サスペクト）として、ていねいに育ちを見ていくという姿勢が大切です。それが、子どもを本当に理解することであり、有効な支援を見つけ出す道なのです。

# LD（学習障害）を理解しよう

知的発達には遅れがないものの、
聞く・話す・読む・書く・計算する・推論することなどに
困難を示す状態です。幼児期では、
数や文字に興味を示さないことがあります。

### ● LDと知的障害は別のもの

LDは、知的発達に遅れはないのに、認知能力（知的な働き）に特徴があって、学習の遅れやつまずきがみられやすい状態です。知的発達全体に明らかな遅れのある知的障害と混同されやすいので注意が必要です。

また、知的障害ではない子どもでも、LDではなく、ただ知的発達が少しゆっくりしているために、勉強面で相対的に学びの速度が遅い子ども（学習遅進）もいます。

それぞれの発達の状態や、学習の状態をしっかり理解したうえで、個別に適切な対応をしていくことが望まれます。

### ● 基本的学力に困難が表れる

LDの背景には、子どもの認知能力の発達において、特徴のあるバラつきやバランスの悪さがあるといわれ、これらは知能検査や認知検査によって、ある程度明らかにしていくことができます。認知能力を背景としたLDの子どもの困難は、「聞く、話す、読む、書く、計算する、推論する」といった基本的学力のどこかに出やすいといわれます。

なかでも、読みの障害は、LDにはよくみられ、「ディスレクシア（読字障害）」という医学の診断名もあります。

### ■ LDとディスレクシアの関係

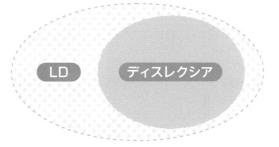

LD　　ディスレクシア

# LDのタイプ

## 「聞く」「話す」に LDのある子ども

- 保育者の話を聞いて理解することがむずかしく、学習全般に遅れが生じやすくなります。
- 特に聞く力に弱さがある子どもは、話すことにも困難を持ちやすく、対人関係や集団行動の面にもむずかしさがあります。

## 「読む」「書く」に LDのある子ども

- 会話にはあまり問題はありませんが、読むことと書くことが苦手です。
- 日本では、欧米にくらべてディスレクシア（読字障害）の子どもは少ないといわれています。
- 日本語はひらがな、カタカナ、漢字、アルファベットなど使用する文字や語彙が複雑なために、日本語特有のLDがあります。

## 「計算」「推論」に LDのある子ども

- 暗算ができません。また、数や量の理解・関係の理解が苦手です。
- 就学後は、図形や分数、小数、比例関係が把握できなかったり、文章題が解けなかったりします。
- 文章題や論理的思考のつまずきは、知的水準の低さや、言語機能の問題とも関連している場合があります。

# AD/HD（注意欠如・多動性障害）を理解しよう

年齢や発達の段階に不相応な
不注意、多動、衝動性などの特徴をもつ障害です。
じっとしていられない、待つことができない、
忘れ物が多いなど、園での生活に困難を抱えます。

## ● AD/HDの３つのタイプ

AD/HD には、注意の集中に困難をもつ状態や、多動＊や衝動性などの行動面の困難をもつ状態があります。

図のように、注意力のなさが目立つ「不注意優勢型」＊、多動や衝動性が目立つ「多動性・衝動性優勢型」＊、その両方があわさった「混合型」＊に分けることができます。

## ● 「不注意」「多動性」「衝動性」が特徴

AD/HD の子どもの行動の特性は「不注意」「多動」「衝動性」に分けられます。

「不注意」では、忘れ物が多い、物事に集中することができない、話を聞いていないようにみえる、片づけや整理が苦手、何かをやりかけて途中でほったらかしにするなどの行動がみられますが、おとなしく目立たないこ

とが多いため、障害に気づかれにくいことがあります。

「多動」では、いつもそわそわしている、じっと座っていられない、おしゃべりが止まらない、静かにできないなどの落ち着きのない行動が特徴的です。

「衝動性」では、すぐにカッとなってしまう、人の話をさえぎって発言する、ほかの人のじゃまをする、順番を待つことができない

### ■ AD/HDのタイプ

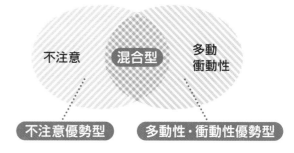

不注意　混合型　多動・衝動性

不注意優勢型　多動性・衝動性優勢型

などの行動が目立ち、周囲の子から敬遠される場合も多くあります。

これらの特性の表れ方は子どもによりさまざまで、ある行動が強く目立って、ほかの行動には問題がない場合もあります。

### ● 創造性に優れることも

小さい頃から多動や衝動性などの行動面の特徴が目立つため、周囲から AD/HD の子どもと理解される以前に、みんなと同じように行動することを求められたり、必要以上に注意されたり、しかられたりしやすいことがあります。「乱暴な子ども」といった評価を先にされがちで、自信をなくしたり、「自分は悪い子」だとか「ダメな子ども」だと思い込み、せっかくの才能を伸ばしきれないこともあります。

しかし、AD/HD は早期の診断が可能なことと、薬物による治療と教育の連携が効果を上げるケースのあることが知られています。また、知的発達の水準が高いと、創造性などの面で能力を発揮する場合も多くあります。

# AD/HDと薬

## 症状を抑える薬の服用ができる

- AD/HDの場合、症状を治す薬はありませんが、6歳から症状を抑える薬を服用できることを、知識として身につけておきましょう。服用している子どもについては、園での様子を観察し、記録するようにしましょう。
- おもな処方薬として、メチルフェニデート（商品名：コンサータ）、アトモキセチン（商品名：ストラテラ）、グアンファシン（商品名：インチュニブ）、リスデキサンフェタミン（商品名：ビバンセ）などが知られています。

## 服用中は見守り、適切な支援を

- 服用することで子どもが自分の行動をコントロールして、生活をしやすい状態をつくることができる場合があります。副作用の可能性は否定できませんが、信頼できる医師の処方のもとで服用すれば、多くの場合は問題がないといわれています。
- 服用中には保護者、保育者をふくめた周囲の大人がその様子をていねいにみて、子どもの状態に応じて、安心して生活ができる支援や環境づくりを行なっていくことが大切です。

# 自閉症を理解しよう

年齢相応に人間関係を構築したり、
コミュニケーションをとることがむずかしい状態です。
また、特定の物事に強いこだわりを示したり、
臨機応変に考えや行動を変えることにも困難が生じます。

## ● 集団への適応がむずかしい自閉症

　自閉症は、その発見から約70年もの歴史のある典型的な発達障害です。おもに次の3つの行動の特徴があります。
①ほかの人との関わりを不得意とする
②コミュニケーション能力の発達の遅れ
③強いこだわりや自分独自のやり方を好む
　このため、集団の中での適応がむずかしいケースが多いのです。

## ● 自閉症スペクトラム障害（ASD）とは?

　自閉症には知的発達に遅れのあるものから、知的発達に遅れのない高機能自閉症、さらに

■ 自閉症スペクトラム障害

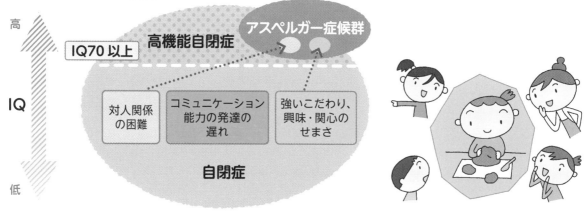

前述の3つの特徴のうち、コミュニケーション能力の発達に遅れのみられない**アスペルガー症候群**までさまざまです。これらを総称して**自閉症スペクトラム障害**（スペクトラムは「連続体」の意）とも呼ばれています。

　自閉症の子どもを、保育者が考えている一般の子ども像に当てはめようとするとき、もっとも子どもの学びへの困難が増していきます。自閉症の子ども特有の強いこだわりを無理に変えようとせず、許容していくことも大切です。ゆっくりとわかりやすく、時間をかけて対応していくだけでなく、その子どもをよく観察して、独自の学び方や特徴を理解した上で支援していきましょう。

# DSM-第5版とこれからの発達障害の捉え方

## 自閉症の診断をめぐって

- 自閉症は、発達障害の中ではその研究の歴史も古く、診断と対応については現在もさまざまな状態と意見があります。スペクトラム（連続体）という捉え方があるのもそのためです。

- 最新のアメリカ精神医学の世界的診断基準であるDSM-第5版では、自閉症やその疑いのある人の場合、『自閉症スペクトラム障害（ASD）』の診断名で統一することが提案され、アスペルガー症候群もこの中に含まれます。もうしばらくするとDSM-第5版に則した医学的診断も広まってくることでしょう。

## 障害の枠を超え、子どもの個性を尊重

- 発達障害のこれからの捉え方について少しお話ししましょう。まず、DSM-第5版では、LDやAD/HD、自閉症などの発達障害において、これまでのようにどれか1つだけではなく、それぞれが重複する診断をすることが認められるようになりました。

- また、かつてのように発達障害を「障害と健常」という対比でみるのではなく、両者の間をつなぐもの、連続させるものとみる考え方も一般的になってきました。発達障害のある子どもは、個性的な子どもという見方もできるのです。

- 子どもの個の特徴を尊重する教育の立場から、子どもを「学びの多様性（learning diversity）」をもった存在と捉える考え方も広がってきています。さまざまな障害という枠を超え、すべての子どもの個性に応じた支援、学びを考えるという視点に立つことがより大切になってきているのです。

# 発達障害の子どもの長所を伸ばそう

●発達障害の子の素晴らしい力

　発達障害のある子どもは、できることとできないことが極端になる傾向があります。ある分野で素晴らしい力を発揮したかと思えば、みんなができる簡単なことができなかったりもします。

　どうしても、周囲とくらべてできないことや不得意なところに目がいってしまうかもしれません。みんなと同じようにという指導がなされることも多いですが、そればかりでは、子どもは自信を失い、傷つき、やれることもやろうとする意欲をなくしてしまいます。苦手や不得意なところを改善、修復するだけでなく、その子どものよいところ、得意なことや長所をきちんと認めなければなりません。

●具体的に、すぐにほめて伸ばす

　「ほめる」ことは大切だとよくいわれます。でも、「いい子だね」とか、「今日はよくがんばったね」といった漠然としたほめ方では、何がよかったのか子どもにはあまり伝わりません。「ここができたね」「これがよかったね」とできたことを具体的に、そしてできたらすぐにほめると、子どもはそのことを繰り返す意欲がわき、経験が積み重なっていきます。

　発達障害の子どもへの支援プログラムを考えるときは、この子は何が好きで、何をしているとき楽しそうかという、子どものよいところ、得意なところを認めて立案しましょう。そうすることで、効果のある具体的なほめ方につながっていきます。『好きこそものの上手なれ』ということわざがありますが、まさにこのことなのです。

# 第 2 章

# 「気になる」
# と感じたときの
# 対応

# 発達障害の子への対応・基本の考え方

ここでは、基本に立ちかえって、
現在の「保育所保育指針」「幼稚園教育要領」の内容から、
発達障害の子への対応について、基本となるポイントを確認しておきましょう。

## 障害のある子を取り巻く環境が変化

近年、障害のある子どもを取り巻く社会情勢が急速に変化しています。2016（平成28）年には、障害者差別解消法が施行されました。ここでは、障害を理由に差別的な取り扱いや権利侵害をしてはいけないこと、社会的障壁をとりのぞく（バリアフリー）ための合理的配慮をすることが明示されています。

「障害者を差別してはいけない」ということがモラルにとどまらず、法として定められたのです。これらは、国立や公立の機関では義務、私立の機関でも努力義務とされています。保育者にも日常の保育活動の中で、障害のある子どもに対し、障害を理由に差別することなく、また必要に応じて合理的な配慮を提供することが求められています。

そのような背景の中、2018（平成30）

## 保育所に関わるポイント

### 保育所保育指針の改定（平成30年）のポイント

1. 乳児・1歳以上3歳未満児の保育に関する記載の充実
2. 保育所保育における幼児教育の積極的な位置付け
3. 健康及び安全の記載の見直し（食育、災害への備え）
4. 家庭及び地域と連携した子育て支援の必要性
5. 職員の資質・専門性の向上（研修機会の確保と充実）

### 障害児に対する支援施策の充実も！

療育支援加算やキャリアアップ研修、巡回支援専門員の整備などが進められる。

「保育所等における障がいのある子どもに対する支援施策について（厚生労働省／平成29年8月）」

### 障害のある子どもに関しては・・・

●指導計画の作成
障害のある子どもが他児とともに成長できるよう指導計画の中に位置付けること、また支援のための計画を個別に作成すること。

●小学校との連携
就学に際して、市町村からの支援の下に、子どもの育ちを支えるための資料が保育所から小学校へ送付されること。

●保護者への個別の支援
子どもに障害や発達上の課題がみられる場合には、関係機関と連携をとりつつ保護者への個別の支援を行うこと。

年に相次いで「保育所保育指針」の改定、「幼稚園教育要領」の改訂がありました。障害のある子どもへの配慮については、以前から言及されていましたが、今回は指導計画の作成や小学校との連携、保護者への支援や相談の場を設けることが強調されています。これらは発達に偏りのある子どもへの支援にも大きく関わる事柄といえます。

## 保育所・幼稚園に求められる役割

2007（平成19）年から開始された特別支援教育では、困難さを抱える子どもに対して、通常の学級においても支援を展開してきました。十余年を経て現在、小中学校を中心に支援が充実してきています。しかし、子どもの困難さは学齢期になってはじめて表れるものではありません。早期発見、早期対応が必要なのです。

今回の改定・改訂では「保育所保育指針」でも「幼稚園教育要領」でも、小学校との連携の大切さがうたわれています。先行している小学校での特別支援教育に段差なく接続するためにも、幼児期から特別支援教育をスタートすることが重要です。

また、「幼稚園教育要領」においては、個別の教育支援計画や個別の指導計画の作成にも触れており、子どものつまずきについてていねいな実態の把握と、長期的な支援を想定していることがわかります。

保育の場は、長い支援のプロセスのスタート地点です。一人一人の子どもに合った支援が行えるよう園内の連携をとって、保育者の専門性を高めていきましょう。

## 幼稚園に関わるポイント

### 幼稚園教育要領の改訂（平成30年）のポイント

❶ 幼稚園教育で育みたい能力の明確化

❷ 小学校教育との円滑な接続

❸ 指導計画の作成と幼児理解に基づいた評価

❹ 特別な配慮を必要とする幼児への指導

❺ 子育ての支援、専門家や地域との連携・協働

### 障害のある子どもに関しては・・・

●特別な配慮を必要とする幼児への指導
長期的な視点で指導を行うために、個別の教育支援計画や個別の指導計画を作成し活用する。

●子育ての支援
園内体制の整備、幼児期の教育に関する相談、情報提供、保護者同士の交流の場の提供など幼稚園と家庭が一体となって幼児と関わる。

●専門家や地域との連携
心理や保健の専門家や地域と連携・協働しながら地域における幼児期の教育センターとしての役割を果たす。

# 支援の基本となる、視点を身につける

障害のある子どもに対する支援について、保育者が身につけておくべき基本的な視点は、「保育所保育指針」の指導計画の作成に関する次の記述の中に示されています。

「障害のある子どもの保育については、一人一人の子どもの発達過程や障害の状態を把握し、適切な環境の下で、障害のある子どもが他の子どもとの生活を通してともに成長できるよう、指導計画の中に位置付けること。また、子どもの状況に応じた保育を実施する観点から、家庭や関係機関と連携した支援のための計画を個別に作成するなど適切な対応を図ること。」

## 子どもを理解し、個別に支援する

適切な支援を行うためには、まず、子どもの日頃の行動をていねいに観察して、その困難さに気づき、障害の状態を把握することが大切です。

子どもに「困難さがある」ことに気づくだけでは十分な実態把握とはいえません。その困難さはどのような場面でどのくらいの頻度で表れるのか、また、どのような原因で生じているのかまで理解して、はじめて支援の道筋を立てることができます。さらに、観察・把握をいかして、状況に応じた指導計画を個別に作成することで、障害のある子どもが、他の子どもとともに成功する体験を重ね、落ち着いた雰囲気の中で育ち合えるよう支援していくことが大切です。

## 家庭・地域・専門機関と連携する

子どもの理解と支援には、家庭との連携が必要です。子どもの様子を伝えあい、理解を深めあい、育ちをともに喜びあえる信頼関係を保護者とつくることをこころがけましょう。

また、地域や専門機関との連携も大切です。近くの小学校とも情報交換するとよいでしょう。小学校は特別支援教育の体制整備について先んじているので、実践的な助言がもらえるかもしれません。また、連携をとっていれば、子どもがスムーズに小学校に適応できます。地域の幼稚園と保育所が横のつながりを持っておくこともプラスになるでしょう。

可能であれば巡回相談員などのシステムも上手に活用しましょう。

### ■ 支援の基本となる4つの視点

| | |
|---|---|
| 子どもの日頃の行動をていねいに観察して、障害の状態を把握・理解する | 一人一人の状態に応じ、個別に指導計画を立て、支援する |
| 家庭との連携を深めて、保護者と信頼関係をつくる | 地域や、専門的な知識・経験をもつ機関と連携して対応する |

## 基本の考え方②
# 計画に基づいた、支援を実践していく

保育所においても、幼稚園においても、障害のある子どもに対して支援や指導をただ行うのではなく、**組織的・継続的に行うことが重要**です。そのためには一人一人の障害特性や発達上の課題に合わせた、個別の計画が必要となります。

「保育所保育指針」においては、障害のある子どもが、**他の子どもとの生活を通してともに成長できるよう**、クラス単位などの集団における指導計画の中に位置付けることや、家庭や関係機関と連携しながら支援のための計画を個別に作成することが記されています。

「幼稚園教育要領」においては、「個別の教育支援計画」や「個別の指導計画」の作成と活用が明記され、さらに、2017（平成29）年の改訂からは支援の計画に**長期的な視点を持つこと**の重要性も加えられています。

## 「個別の教育支援計画」とは

「個別の教育支援計画」は、子どもの成長とともに、幼稚園、小学校、中学校、高等学校へと引き継がれていく、**長期にわたる支援の計画であり記録**です。「個別の教育支援計画」があれば、教育を受ける場が変わっても、**切れ目のない一貫した支援**を展開することが可能となります。

## 「個別の指導計画」とは

「個別の指導計画」は、「個別の教育支援計画」よりさらに、**日々の保育活動に即したもの**です。

「個別の指導計画」においては、指導や支援の方向性を定めるために、一人一人の子どもの障害の実態を把握しながら、長期と短期の指導目標を立てていきます。2018（平成30）年に発表された「保育所保育指針解説」においては、短期の「個別指導計画」における目標は、その子どもの特性や能力に応じて、**1週間から2週間程度を目安**に少しずつ達成していけるよう細やかに設定する、としています。とくに短期的な目標を立てる際には、その子にとって**達成しやすい目標**を設定し、達成できれば次の目標を設定し、達成できなかった場合には、目標の適切さや支援の方法を見直しながら、日々の保育を実践していくとよいでしょう。

■「個別の指導計画」における短期的な目標の立て方

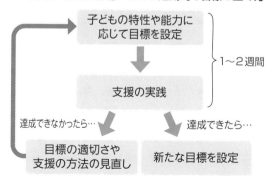

# 子どもの発達のプロセス

ここでは、一般的な子どもの発達プロセスについてまとめてあります。
「気になる子」の活動の様子を観察するときに、気にとめておきましょう。
発達の過程には、個人差が大きいことも理解しておきましょう。

発達のつまずきを持つ子どもを理解するためには、まず一般的な子どもの発達について知っておくことが大切です。

ここでは発達の流れをつかみやすくするためにおもな領域ごとに説明していきますが、領域ごとの発達はおたがいに関係しあっているということを心にとめておきましょう。

## コミュニケーションの発達

乳児期初期のコミュニケーションは、乳児が示すサインを理解するだれかがいて初めて成立する依存的なものです。1歳に近くなると母親の視線をたどって同じものを見たり、指差しをして自分の思いを他者に訴えたりすることができるようになります。言語を獲得したのちは、他者との相互交渉は増え、「うそ」をついたり、「わざと」「気を引くために」言ったり行動したり、相手や状況を意識したコミュニケーションを取ることができるようになります。

## 愛着の発達

特定の対象と情緒的な深い結びつきを求め、その状態を維持しようとすることを「愛着」＊といいます。一般には、この対象は人だけでなく動物やものも含まれますが、ここではおもに養育者（母親）が対象となります。

乳児は生後3か月くらいまでの間は特定の人物（母親）の識別ができませんが、生後半年も経つと身近な人物を識別して、積極的に関わろうとするようになります。この時期から3歳くらいまでの間は、愛着が形成される大切な時期です。母親への愛着が深まり、いつも身近にいたいと思うようになります。

集団に参加する機会が増える3歳以降は、母親の安定したイメージを持てるようになり、かならずしも母親がそばにいなくても大丈夫になります。

## 言語の発達

　乳児期は喃語と呼ばれる反復音声（バアバアなど）を出しますが、その発声は意味を持った語としては機能していません。1歳を過ぎる頃から、自動車という意味を込めてブーブーと言うなど同じ音声でも意味を持つようになります。

　その後、語彙が50くらいになると、語と語がつながって二語文が形成され、少しずつ長い文章を構成できるようになります。幼児期半ばの3歳頃はおよそ1000語、就学直前の6歳には3000語と理解できる語彙は飛躍的に増えていきます。また、幼児期前期では、思考をつぶやきとして口に出す外言が多くみられますが、後期にかけて頭の中だけで言葉を用いて考える内言が増えるようになります。

## 情動の発達

　新生児期のほほえみは生理的微笑といわれ、情動＊にともなうものではありません。

　しかし、月齢が進むにつれ、視野に入るものに関心をよせてほほえむようになり、やがて人の顔、特に身近な母親の顔に向けてほほえむようになります。6〜8か月にもなると身近な人物と未知の人物を見分け、人見知りも始まります。

　また、赤ちゃんはよく泣きます。その原因は、新生児期では生理的なものが中心ですが、発達するにつれて不安や恐れなどの心理的なものが含まれるようになります。情動の種類も、「快」「不快」といった大まかなものから始まり、少しずつ複雑になっていきます。

## 認知の発達

　乳児の頃は、まだ外界と自分との関わりを正確に意識することはできません。過去、現在、未来のつながりをとらえることができず、「今ここ」の世界に生きています。それが少しずつ「今ここ」だけの世界から表象（イメージ）を描けるようになり、おおっている布をめくって玩具を見つけたりするようになります。

　幼児期に入ると、得られた情報からより深い思考をするようになります。ただし、その思考はまだ未熟で多角的な視点は持てません。

# 発達障害の子どもの活動の特徴

遊んでいるとき、食事のとき、お昼寝のとき、抱っこされているとき……。
園での生活のさまざまな場面で、発達障害の子どもに特徴的な行動があります。
その行動の背景にあるものを理解して、対応することが大切です。

発達障害は「見えにくい障害」といわれます。
もし、足を骨折して松葉づえや車いすを利用している人がいたら、その人がどのような場面でどのように苦労するのか、私たちは思いをめぐらせることができます。

ところが、発達障害の場合、障害が外から見えにくく、ほかの子どもと同じように行動できることも多いため、当事者のつらさは周囲の人になかなか理解してもらえません。しかし、気づきのポイントはあります。ここでは、そのポイントをいくつかの項目に分けて説明していきます。

## 睡眠・生活リズム

### ● 睡眠のリズムが不規則

乳児期は睡眠時間が長いものですが、発達障害の子どもは睡眠に問題を持つことが少なくありません。同じ月齢の子どもと比較して、睡眠のリズムが不規則で保護者が疲れきってしまうことも多いようです。

### ● すぐ目覚める・ずっと眠る

睡眠の質と長さにおいても、眠りが浅くちょっとした物音ですぐに目覚めて泣きだしてしまったり、放っておけばいつまでもおとなしく寝ていることが多かったり、表れ方は正反対ですが通常の睡眠と異なる特徴がみられます。

幼児期に入っても、睡眠のリズムが整いにくくなかなか寝つかなかったり、寝起きが悪く朝からぐずって登園をしぶったりすることがあります。保護者からの聞き取りやお昼寝の様子からチェックしましょう。

## 行動

### ● 落ち着きがなく、集中できない

元気な幼児は落ち着きがないものですが、それを差し引いても、つねに動き回ってじっとしていない、座っているときでも身体のどこかを動かしている、広い場所ではすぐに走り回るなどの行動が頻繁にみられたら要注意です。単に「聞き分けがない子」「行儀が悪い子」ではないかもしれません。

このような多動＊は衝動性とも結びついています。よく考えずに動作を始めるため、けがをしてしまうことが多くなります。

### ● 相手を意識しない会話

また、これらの問題が言語表出として表れると、話し始めると止まらない、衝動的に会話に割って入るといった行動になります。

## 運動

### ● ぎこちなさと筋力の弱さ

発達に偏りがある子どもは、動作がぎこちないことが少なくありません。歩き始めが遅れることもあり、歩き始めても動作にまとまりがないため、行進のときに同じ側の手足を同時に出してしまう、というようなこともあります。

筋力が弱いこともあり、ほかの子どもにくらべて、うんていや鉄棒にぶらさがることが苦手な場合もあります。

### ● 生活の中のぎこちなさ

運動面のつまずきは、身体全体の動作である粗大運動＊だけではなく、手先の細かな動きである微細運動＊にもおよびます。

小さなものをつまみあげる、こわれやすいものをそっと持つ、といったことから、筆記用具、ハサミ、スプーン・フォークの扱い、着替えにいたるまで、生活の中のさまざまな場面でぎこちなさが目立つことがあります。

### ● 遊びに参加しにくい

この領域のつまずきは、運動や工作などの園での活動全般に影響がおよびます。活動をうまくこなせなければ、集団行動を取ることがむずかしくなります。

年齢が小さい頃は、友達との関わりは遊びを通じて展開されることが多いものです。運動面の不器用さ＊があると遊びへの参加も思うようにいかないことがあり、社会性の発達にまで問題が広がることがあるので注意が必要です。

## 感覚

発達障害の子どもは、感覚過敏＊や逆に感覚の鈍さが目立つこともあります。

### ● 聴覚の問題

感覚過敏が聴覚に表れると、特定の音（上階で机を引きずる音など）に極端に不快感を示したり、大きな音（徒競走のピストルの音など）を怖がったりします。また、なじみのない音や保育者が気づかないようなエアコンや水槽のモーター音などを気にする場合もあります。

### ● 視覚の問題

プールの水面や木漏れ日のキラキラした様子や扇風機、換気扇などファンが回っている様子をじっと見続ける子どもがいます。

### ● 触覚の問題

子どもによっては、工作で使うのりやねんどの感触を嫌ったり、洗濯したばかりの服の感触や首元のタグが不快で着替えをいやがったりすることがあります。砂が靴に入っただ

けで泣く子どももいます。

### ● 味覚・嗅覚の問題

食事のときも問題が表れやすい場面です。好き嫌いがはげしいことも多く、これは極端な偏食として、家庭でのしつけの問題とまちがえられやすいものです。また、においにも敏感なため、においが濃厚なシチューなどが給食に出ると部屋から出ていってしまうというような場合もあります。

感覚過敏は慣れれば平気になるというものではありませんので、無理強いをしないように気をつけなければなりません。

## コミュニケーション

### ● ほかの人への関心が低い

1歳前の子どもでも、気になるものを見つけたとき、声を出しながらそれを指差して母親の方を見たりします。

ところが発達障害の子どもには、気になるものを見つけてじっと見ることがあっても、それを他者に訴えたり、その経験を共有したりすることがとぼしい場合があります。周囲からの働きかけに対しても、反応が薄いために「関わりにくい子ども」というイメージを持たれがちです。

### ● 人を道具のように使う

また、他者に対して何か要求があるとき、このような子どもたちの中に、相手をまるで道具のように扱う動作（クレーン現象）＊が

みられることがあります。そのほか視線の合いにくさ、表情のとぼしさなども特徴となります。

### ● 一方的な会話も多い

言語を獲得してからも、好きな話題しか話さない、会話が一方向的になる、多弁で相手の話を聞かないなどの問題が生じることが少なくありません。多動な子どもも衝動的に行動することが多いため、**コミュニケーションが円滑にいかないこと**があります。

## 愛着・対人関係

### ● 人との接し方が極端

人見知りが強く、知らない人に話しかけられただけではげしく泣きだしたりすることがあります。逆に人見知りがほとんどみられず、だれにでも話しかけたり、知らない人に抱っこされても平気であったりするなどの場合にも、注意して見守る必要があります。

### ● ルールを守るのが苦手

発達障害の子どもは、対人関係の取り方が不器用なため、**友達と関わる遊びに上手に参加できないこと**が多くみられます。

玩具の貸し借りや順番などのルールを教えてもらっても、それにしたがって行動しなかったり、ゲームに勝つことにこだわって勝手にルールを変えてしまったりするため、トラブルが起こりやすくなります。

## 認知

### ● 情報処理と記憶の弱さ

発達障害の子どもは、認知能力に偏りを持つことが多いため、**聞いたり見たりして得た情報を的確に処理することが苦手**です。

また、**記憶の力にも弱さを持つこと**があるため、指示を忘れてしまう、保育者や友達の顔や名前をなかなか覚えられない、文字や数字を身につけられないなどの困難さが表れることがあります。

発達障害の子は、**上手にできる活動も多い**ため、本人の努力が足りないとみられたり、知的発達が遅れていると見誤られたりすることもあります。

先入観にとらわれることなく、ていねいにチェックしていく必要があるのです。

# 早い「気づき」のためのポイント

毎日の保育の中で、気になる場面があったら、
その子の様子をよく観察することが、早い段階での気づきにつながります。
ここでは、その手がかりとなるチェックポイントを紹介します。

ここでは、おもに4～6歳児の生活・活動において、気をつけて観察するべきポイントを示しました。
このようなポイントが何度か気になったときは、その子の様子をより注意して把握していきましょう。

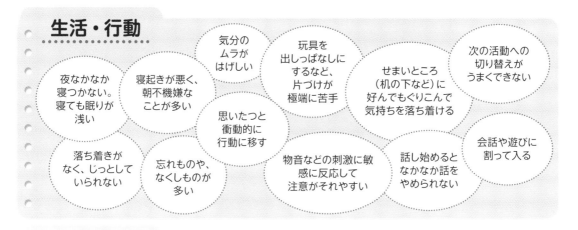

## 生活・行動

- 気分の
ムラが
はげしい
- 玩具を
出しっぱなしに
するなど、
片づけが
極端に苦手
- せまいところ
(机の下など)に
好んでもぐりこんで
気持ちを落ち着ける
- 次の活動への
切り替えが
うまくできない
- 夜なかなか
寝つかない。
寝ても眠りが
浅い
- 寝起きが悪く、
朝不機嫌な
ことが多い
- 思いたつと
衝動的に
行動に移す
- 会話や遊びに
割って入る
- 落ち着きが
なく、じっとして
いられない
- 忘れものや、
なくしものが
多い
- 物音などの刺激に敏
感に反応して
注意がそれやすい
- 話し始めると
なかなか話を
やめられない

## 運動

- 走り方が
ぎこちない
- なわとびなど、
手と足の動きを
連携させるような
動作が苦手
- リズムや音楽に
合わせて踊ったり
手をたたいたり
することが苦手
- ハサミの
扱いが
むずかしい
- ボタンかけが
うまくできない
- ボールを投げたり
受け取ったりする
ことが苦手
- 身体のバランスを
うまく取ることが
できない
- 整列や着席
のときなど
姿勢を保つことが
むずかしい
- スプーン、フォーク、
箸などを使って
食べることが
うまくできない
- クレヨンなどの
扱いが
ぎこちなく
筆圧が安定しない

## コミュニケーション・社会性

始語（初めて発する意味を持つ発語）が同年齢の子どもにくらべ遅かった

視線が合いにくい

表情が硬かったりとぼしかったりする

自分のやり方にこだわりが強く変更に対して抵抗感が強い

思い通りにならないとかんしゃくやパニックを起こしやすい

思ったことを言葉でうまく表現することが苦手

極端にマイペースなところがあり集団からはずれやすい

一番になることや勝つことにこだわりが強い

ごっこ遊びができない

同年齢の子どもにくらべ語彙が少ない

初めてのことや非日常的なことをいやがる

一人で遊んでいることが多い

初対面の人にもなれなれしく話しかけることがある

## 感覚

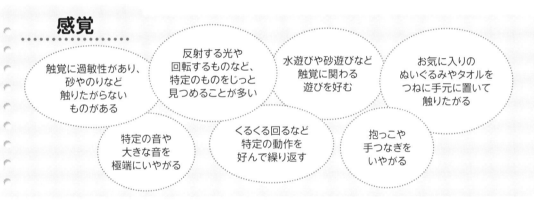

触覚に過敏性があり、砂やのりなど触りたがらないものがある

反射する光や回転するものなど、特定のものをじっと見つめることが多い

水遊びや砂遊びなど触覚に関わる遊びを好む

お気に入りのぬいぐるみやタオルをつねに手元に置いて触りたがる

特定の音や大きな音を極端にいやがる

くるくる回るなど特定の動作を好んで繰り返す

抱っこや手つなぎをいやがる

## 認知

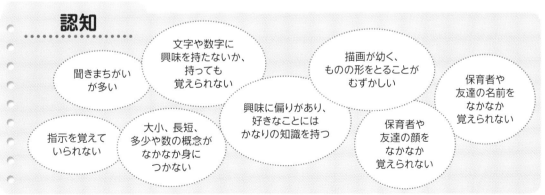

聞きまちがいが多い

文字や数字に興味を持たないか、持っても覚えられない

描画が幼く、ものの形をとることがむずかしい

保育者や友達の名前をなかなか覚えられない

指示を覚えていられない

大小、長短、多少や数の概念がなかなか身につかない

興味に偏りがあり、好きなことにはかなりの知識を持つ

保育者や友達の顔をなかなか覚えられない

# 先輩、園長先生との連携

「気になる子」を見つけたら、一人で抱え込まずに、
先輩の保育者や、園長先生など、園のスタッフと連携して対応しましょう。
連携の基本は連絡・相談・ケース報告の3つです。

先輩や園長先生と情報を共有し、「気になる子ども」に連携＊して対応するために、「リスク（RSC）の法則」の連絡（R）・相談（S）・ケース報告（C）のプロセスをこまめに行いましょう。

## 「連絡しましょう」のR

日々の保育の中で、「気になる」ことがあったとき、だれでも自分の保育のやり方について振り返り、反省すると思います。しかし、そこまでで終わっていないでしょうか。すぐ

### ■ リスク（RSC）の法則

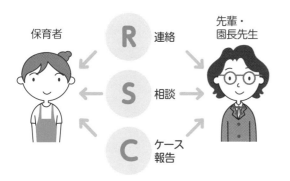

保育者　R 連絡　先輩・園長先生

S 相談

C ケース報告

には人（特に、先輩や園長先生に対して）に伝えようという気持ちにはなれないかもしれません。しかし、**問題は小さいうちに手を打つことが大事です**。一人で抱え込まずに勇気を出して、「絵本の読み聞かせになると、部屋から出てしまう子どもがいるので、一度見にきてください」などと伝えてみましょう。

また、発作を起こしたり、高い所から誤って落ちたりするなど、発達障害の子どもには保育者の予期しないトラブルが起きる可能性があります。そんな場合に備えて、つねに笛を携帯して、緊急な事態が起こったときには「ピッピッピッ」と短く3回笛を鳴らして、気づいたベテラン保育者がヘルプに向かうようにするなど、**園全体で連絡の約束ごとを決めておくことも大切です**

## 「相談しましょう」のS

先輩や園長先生に相談するということは、豊富な経験にもとづいた「知恵」を借りることでもあります。

相談するときには「何とかしてください」と人まかせのような伝え方はよくありません。「○○なことで困っていて、自分では○○が原因だと思っていますが、どう思いますか？」などと、**自分なりの見解をまとめて相談する**ようにしましょう。そうすれば、きっと自分とは違う視点からアドバイスしてくれることでしょう。

また、「すぐ友達をたたく子どもに、いくら注意しても聞きません。注意する以外の対応の仕方がないでしょうか？」のように、**具体的な対応の仕方について**、たずねてみましょう。「2人のペープサートをつくって、上演してみたら？　自分のしたことを、客観的に振り返らせるほうが、わかりやすいかもしれないよ」などと一人では考えつかない対応策を授けてくれることもあるでしょう。

## 「ケース報告をまとめましょう」のC

発達障害の子どもは、さまざまな専門機関に通っている場合もあります。それらの機関の担当者に、園内での子どもの姿を伝えることはとても重要です。その際に、担任の保育者が伝えることと、園長先生や主任の先生が伝えることがズレてしまうと大変です。

その子のケースについて「**客観的に事実としてまとめる**」報告書の書き方を身につけておきましょう。5W1H（いつ、どこで、だれが、何を、なぜ、どのように）を頭において、発達の様子の時間経過も忘れずに記録しておきましょう。園内での情報共有のためにも役に立ちます。

# 保護者とつながるためのポイント

発達障害の子どもの保護者は、大きな悩みを抱えています。
また、日々の子育てに疲れ果ててしまっているかもしれません。
まず保護者の気持ちに寄り添って、何から支援できるかを考えていきましょう。

## 「協力して子育てする」関係を目標に

重い荷物を一人で持っていて疲れてしまったとき、「人に預けたい」という気持ちになることがあると思います。同じように、なかなか自分の思うような保育ができなかったり、発達障害の子どもへの対応がうまくいかなかったりするとき、「保護者が協力的でないから」と保護者のせいにしてしまいたくなることもあるでしょう。

保育者と保護者が子どもをはさみ対決する構図になると、なかなかうまく信頼関係を築くことはできません。まずは、保護者と保育者が子どもの両側に立ち、子どもの両手を片方ずつつないで同じ方向に向かって歩いていくという理想のイメージを描きましょう。

## 協力して「小さな成功」を積み上げる

保護者から「保育者なのだから、子どもの扱いがうまくて当然」と思われると、とても負担を感じると思います。同じように、保護者も「親だから、子どものために時間をかけるのが当たり前」と思われることは、つらいことなのです。おたがいに、相手の不完全さを責めるのではなく、補い合えるような関係をめざしましょう。

たとえば、集会のたびに大声で泣く子どもへの対応に困ったときに、保護者に「Aちゃんが泣きさけんでいることの理由がわからないのですが、どうしてあげたらいいのでしょう」などと話しかけてみるのも一つの方法です。「家でテレビを見ているとき、子どもの歌の間は喜んで見ていますが、体操の曲になると耳をふさいで逃げ出していますよ」などと、その子の行動を理解するヒントとなる情報を伝えてくれるかもしれません。

そして、対応がうまくいった場合も「お母さんのお話を聞いて、集会の時間、最後の体操だけ先に保育者と保育室に帰るようにしたら大声で泣くことはなくなりました」などと伝えることも忘れないようにしましょう。

このように、小さな「うまくいったこと」

を積み上げていくことが、保護者との信頼関係を築くための大切な一歩になっていきます。

## 「無関心」の裏にひそむもの

　保育者との対決になりがちな保護者は、子どもに注ぐエネルギーが大きい分、関係を結び直せる可能性も高いものです。しかし、何を言っても「無関心」で、園への提出物も滞りがちな保護者の場合、どう対応していいのかわからなくなるかもしれません。

　このような場合、二つの原因が考えられます。一つ目は保護者自身が生活や人間関係に大きな悩みを抱えている場合、二つ目は子どもの問題に、うすうす気づいているけれども認めたくない気持ちから「見ないふり」をしている場合です。

　一つ目の場合にはまず、**保育者は保護者のサポーターであることを伝えましょう**。お迎えにきてくれたことをねぎらう言葉がけから始めれば、やがて心を開いて相談を持ちかけてくれるようになるかもしれません。

　二つ目の場合は、「食べてくれるものが、ごはんとお肉だけではお母さんも献立を考えるのに大変ですね」などと、今の子どもの状態について「よい」「悪い」の評価をつけずに話しましょう。「そうなんです、お茶も飲んでくれなくて」などと愚痴を聞くことができれば、関係を築くための糸口がつかめます。「お茶が飲めなくても、アイスが好きなら、お茶を氷にしてみてはどうでしょう」などと、**一緒に子どもへの対応を考え合う、同志となる感覚が持てるようになれば、関係は良好な**ものになっていくでしょう。

　発達障害の子どもへの対応と同様に、あせらずにいろいろな方向からのアプローチを工夫していくことが大切です。

# 専門機関に相談する

園内の体制では十分なサポートができないときには、
外部の専門機関に相談をして、知恵を借りることも一つの方法です。
専門機関のアドバイスを取り入れて、問題に対応していきましょう。

## 「巡回相談」を利用する

「気になる子」の支援をしていくうえで、園内の保育者同士がよく相談し、連携＊をしていても、専門機関にアドバイスを求めたくなる場面が出てくることがあります。

また、園内の体制だけでは十分な支援ができない場合にも、外部の専門機関との連携が

求められます。

このようなとき、もっとも取り入れやすいのは、市区町村が行っている巡回相談を利用する方法です。これは、発達障害についての専門家が、保育所や幼稚園を訪問して、相談に応じる制度です。

近年では、この巡回相談の制度を設置する市区町村が増えてきています。詳しくは市区町村の窓口などに、問い合わせてみるといいでしょう。

また、相談をする前には、できるだけ具体的に相談内容をまとめておきましょう。さらに、その子の園での様子、園としてこれまでどのように支援してきたかなども、書きだして整理しておくようにします。

## 専門機関との連携を深める

巡回相談のほかにも、さまざまな専門機関が相談を受け付けています。しかし、地域によってその実情は異なるので、まずは市区町村の窓口に相談してみましょう。また、保護

者にこれらの専門機関を紹介して、直接相談を受けてもらうという方法もあります。その場合には、**保護者に専門機関からどのようなアドバイスがあったかを聞いて、園での保育にもいかしていきましょう。**

そのほか、保護者からの同意を得たうえで、保育者が直接、専門機関と情報交換を行う方法もあります。

### 特別支援教育 コーディネーターとは?

特別支援教育を円滑に行うための調整役で、担任や養護教諭が兼任することが多いです。おもな役割は、気になる子どもに対する気づきや園内での情報共有、担任とともに個別の指導計画を作成すること、外部機関や保護者との連絡窓口などです。

## ■ 発達障害の相談に関わるおもな専門機関

※機関の名称は地域などによって異なる場合があります

| 機関の名称 | 特徴 |
|---|---|
| 児童発達支援センター | 児童福祉法に定められた児童福祉施設です。障害のある子どもの通園施設ですが、児童指導員、保育士、理学療法士、作業療法士、職能訓練・言語機能訓練担当職員などが、保育所に通う子どもや保育所のスタッフの支援も行います。市町村によって設置されています。 |
| 市町村保健センター | 地域における母子保健・老人保健の拠点として、市町村によって設置されています。1歳半、3歳児健診はここで行われます。おもに保健師が相談に応じます。 |
| 特別支援学校 | 教育機関としての役割だけでなく、地域の発達障害の子どもたちやその保護者に対する教育相談も行われています。 |
| 特別支援教育センター | 特別な支援が必要な子どもの教育指導などに関する研究、教員向けの研修活動と教育相談を行っています。学校現場で教育に携わっていた専門家が、教育に関する支援方法についての相談に応じています。相談の内容に応じて、心理士や理学療法士などが相談にのっている機関もあります。都道府県、政令指定都市などに設置されています。 |
| 児童相談所 | 0歳から17歳までの児童を対象に、発達障害についての相談に応じています。医師、児童心理司、児童福祉司、保健師、言語聴覚士などの専門家に相談をすることができます。都道府県、政令指定都市、中核市によって設置されています。 |
| 発達障害者支援センター | 発達障害のある人への支援を総合的に行うことを目的とした専門機関です。社会福祉士が配置されていますが、施設によっては臨床心理士、言語聴覚士、精神保健福祉士、医師などが配置されている場合もあります。都道府県・政令指定都市、または、都道府県知事などが指定した社会福祉法人、特定非営利活動法人などによって運営されています。 |

# 診断結果を受けての対応

気になる子が医療機関を受診して、「LD」「AD/HD」などの診断名を
告げられたとき、保育者や園はその子や保護者に対して、どのように
対応すればいいでしょうか。そのポイントをまとめました。

## 「診断結果」と「障害受容」は違う

保護者にとって、子どもの「障害」を告げられることは、とてもつらいものです。

医療機関では、その言葉を受け止めるだけで精いっぱい、打ちのめされたように一時放心してしまうことでしょう。その後、インターネットや本を調べ「当ってる」とか「当っていない」と一喜一憂する、原因を「あれかこれか」と探り落ちこむ、子どもやほかの家族にあたる、将来のことが不安でどうしようもなくなるなど、保護者はさまざまに思い悩みます。

このように、思い描いていたわが子の未来に軌道修正を強いられるとき、保護者が「なぜうちの子が?」と、理不尽な感覚に陥ることは容易に想像できます。そんなとき、保護者に寄り添い、話を聞いてくれる保育者はとてもありがたい存在です。「知ること」から「納得して積極的な姿勢を持つ」までのプロセス（障害受容）＊は、時間がかかるものだという

ことをしっかり頭に入れて、ゆっくり信頼関係を築いていきましょう。

## 医師への質問は具体的に

園でのその子への対応について、医師から助言をしてもらうことも大切です。具体的には受診の際に保護者に聞いてもらったり、特別支援教育コーディネーターと一緒に直接話を聞きに行くことになります。

その際には、医師に「気をつけるべき対応の仕方」を聞くようにしますが、医師は、保育活動の様子をすべて知っているわけではありません。「水遊びのとき、注意すべきことはないですか?」「自分の腕をかむ行為は、どのように止めさせたらいいですか?」など、事前に具体的に想定される質問事項を書き出しておきましょう。

## 園で「できること」と「できないこと」

その子に言葉の遅れがあるからといって、いつも保育者がそばについて個別に説明する

ことはできません。また、「一番にならない と気がすまないから」と競い合うゲームから、 わざとその子をはずすという対応も好ましく ないでしょう。

「診断」を受けて、配慮すべき点があるこ とはわかりますが、園という集団保育の場で はすべてが可能になるわけではありません。

職員の配置や避難できる場所の確保など、 一人の保育者では対応しきれない課題もたく さん出てきます。園としての対応を十分に話 し合ったうえで、保護者にも「できること」 と「できないこと」を伝えていくことが大切 です。安請け合いをしないようにして、「こ の件は、今すぐお答えできません。園の対応 について話し合う時間をください」というよ うな誠実な対応をしましょう。

## ほかの療育機関とのバランスへの配慮

「発達障害だから特別な指導が必要」と、 さまざまな療育機関を利用しようとする保護 者もいます。子どものために少しでもできる ことをしようという親心はもっともです。し かし、あちこちの療育を受けに行くことを優 先して、週に1日しか登園してこられない というような状況になると話は別です。

毎日の生活で身につけたい習慣の大切さ、 友達との遊びの中で育む社会性など、特別な 指導の前に、幼児期に育てるべき基礎的な土 台づくりが重要なことを伝えて、スケジュー ルの配分について話し合いましょう。そのう えで、園にいない時間が多いために、その子 が困ることがないように配慮しましょう。

# 「診断名のつかない子」

●診断名よりその子に合わせた保育を

　発達の個人差の大きい幼児期には、気になる面があって医療機関を受診しても「今はまだ小さいのでしばらく様子を見ましょう」と言われることが少なくありません。「診断がつかない」ことは、保育をするうえでは、大きな問題ではありません。

　保育所や幼稚園では、「一人一人のニーズを大切にした保育」が重要です。そのためには、「○○障害」という診断名よりも、

「大きな音が苦手な子ども」「順番にこだわる子ども」など、その子どもの状態をしっかりと把握し、その原因について、「感覚の過敏さからくる」「自分が決めたルールの変更が苦手である」など、その子の特性と結びつけて理解することが大切です。

●日々の保育の実践が学びになる

　「診断名がついていないから、対応がわからない」ということではなく、「子どもの特性の理解と支援の仕方」について、保育者として学びを深めていきましょう。専門的な知識を持つことだけでなく、日々、目の前にいる子どもに接し、その様子をていねいに見つめることから生まれる実践の知を積み上げることで、よりよい支援が生まれるのだと思います。

　保育所や幼稚園は子どもにとって、家庭から出て、初めて踏み込む社会です。そこで出会う「先生」は、その子の将来に大きく影響する存在です。初めて出会う保育者は、「レッテル付け」をする存在ではなく、寄り添い伴走してくれる存在であってほしいと思います。

# 第 **3** 章

# シーン別・保育のポイント

この章では、「日常生活」「遊び・行事」「友達との関わり」の３つのカテゴリーに分けて、保育の42のシーンを取り上げています。それぞれのシーンごとに、気になる子の観察と対応のポイントをチャートを使って解説しています。

# 自分の意思が伝えられない

気になる ポイントチャート

自分の意思が
伝えられない
→ 伝えよう
という意識が
とぼしい → **A**へ
→ 何を伝えたら
よいか
わからない → **B**へ
→ 伝え方が
わからない → **C**へ
→ 言葉より
行動が先に
出てしまう → **D**へ

→ YES → NO

## A 伝えようという意識がとぼしい

自分に関わってくれる保育者は、自分のことをわかろうとしてくれる安心できる存在なのだということを、まず子どもに感じてもらえるような接し方を心がけましょう。

| Step1 | Step2 | Step3 | Step4 |
|---|---|---|---|
| 子どもに寄り添うように横にならんで、視線の先を一緒に見ましょう。 | 玩具を渡すときは玩具に顔を近づけ、子どもの視界に入るようにしましょう。 | 手の届かない場所に玩具を置き、「取って」の要求を引き出しましょう。 | 子どもの指差しや行動を「お人形が欲しい」などと代弁して伝えましょう。 |

## B 何を伝えたらよいかわからない

何かを思っても、それを「伝えること」ができない子どもがいます。家庭では保護者が子どもの思いを先取りして動いてしまい、子どもが伝える必要性を感じていないのかもしれません。

| Step1 | Step2 | Step3 | Step4 |
|---|---|---|---|
| 生活の中で繰り返し「おはよう」「いただきます」を聞かせましょう。 | 子どもから自発的にあいさつが出てきたらほめましょう。 | 遊びの場面でも、決まったパターンのフレーズを使いましょう。 | 「一人で言ってみよう」とうながして、自分で伝えられるという自信を持てるようにします。 |

### ◆人に対する意識がとぼしい

　発達障害の子どもには、基本的に人と関わろうという意欲が感じられないことが多くみられます。たとえば、だれかが好きな玩具を差し出してくれたとき、その人には目もくれず、玩具だけを取っていくというような行動です。

　また、ジュースが欲しいときに、「ジュースが飲みたい」と言わずに、母親を冷蔵庫の前まで連れていき、母親の手を持ち上げて取らせようとするようなクレーン現象＊がみられることもあります。

### ◆伝える術を持っていない

　言葉が少ない子どもには、保育者が気持ちの伝え方の手本を示すことが大切です。子どもの意図をくみ取り、その子どもの言いたいことを言葉にして聞かせていくことで、「ぼくは牛乳が飲みたかったんだ！」などと意識できるようになります。

---

## C 伝え方がわからない

人に伝えるための表現の仕方がわからないので、子どもは困っているのでしょう。このような場面では、その子どもの気持ちになって代弁してあげましょう。

| Step1 | Step2 | Step3 | Step4 |
|---|---|---|---|
| 場面に応じて、子どもが言いたいことを代わりに言ってあげましょう。 | 真似して言えたら、「一緒に言おうね」と手助けして、自分で伝えられるようにします。 | 子どもに「○○先生に『牛乳ください』と言ってきて」と大人へ伝言するよううながします。 | 友達同士で、山びこのように同じ言葉を真似して言う遊びを繰り返しやってみましょう。 |

---

## D 言葉より行動が先に出てしまう

言葉より行動の方が先走り、周りの子どもたちとのトラブルが多くなってしまいます。行動を言葉に置き換えていくことがポイントです。

| Step1 | Step2 | Step3 | Step4 |
|---|---|---|---|
| 子どもが玩具を取ろうとしたとき、すかさず「貸して」と言葉を添えます。 | 行動したことをしかる前に、「〜がしたかったんだね」と気持ちを受け止めてあげましょう。 | 「お絵かきとパズルのどっちがいいかな？」などと行動の代案を出して、考える間をつくってあげましょう。 | 子どもが言葉で表現できたときは、しっかり認めてあげましょう。 |

# 人の話を聞かない

気になる ポイントチャート

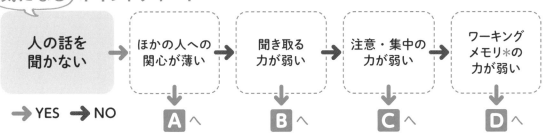

| 人の話を聞かない | → | ほかの人への関心が薄い | → | 聞き取る力が弱い | → | 注意・集中の力が弱い | → | ワーキングメモリ＊の力が弱い |

→ YES → NO

Aへ　Bへ　Cへ　Dへ

## A ほかの人への関心が薄い

周囲への関心が薄い子どもは、人の話を聞いていないことが多くなるので、注意を向けてもらう工夫をする必要があります。また、相互にやりとりをする活動などで他者への関心を高めましょう。

| Step1 | Step2 | Step3 | Step4 |
|---|---|---|---|
| 相互に関わる遊びを日常的に取り入れましょう。 | 関心を十分に引きつけてから話し始めましょう。 | 注意を向けてほしいときの合図や言葉を決めておきましょう。 | 子どもが保育者の話に関心を向けたら十分にほめましょう。 |

## B 聞き取る力が弱い

「聞かない」というよりも「的確に聞き取って理解する」ことがむずかしいのかもしれません。聞き返しや言いまちがいが多くないか、日頃から気にかけておきましょう。

| Step1 | Step2 | Step3 | Step4 |
|---|---|---|---|
| 聴力に問題がないか確認します。 | できるだけ、ゆっくりはっきり発音して理解を助けましょう。 | 伝える内容はシンプルに。わかりやすい表現を心がけましょう。 | イラストや写真などを使ってイメージしやすくしましょう。 |

### ◆注意を引きつける工夫

自閉症スペクトラム障害＊など、ほかの人への関心が薄いため、受け止めるべき情報にアンテナが向かない子どもがいます。**大切な話をするときの合図を決めておいたり、その子どもが好きなイラストや人形を使って子どもが注目しやすくなる工夫をしたりするとよいでしょう。**

### ◆話を聞くのは大変なこと

人の話を聞くということは、投げかけられた情報を受け取りに行く行為で、受動的になりがちです。言葉を理解する能力があっても、注意・集中や記憶につまずきのある子どもには簡単なことではありません。

まず、注意を引きつけておいてから、できるだけシンプルな言葉がけをしましょう。手順や要点を箇条書きや図で示して、**視覚に訴える工夫を取り入れることも効果的です。**また、**復唱するなどの確認の活動をはさむと注意が続きます。**

## C 注意・集中の力が弱い

注意の持続がむずかしいと「聞く」という受け身の行為よりも、「話す」「手遊びをする」などの能動的な行為を起こしがちです。どのくらいまでなら注意・集中ができるかをつかんでおくとよいでしょう。

| Step1 | Step2 | Step3 | Step4 |
|---|---|---|---|
| 話に集中できるよう静かな環境を整えましょう。 | しっかりと子どもの注意を引きつけてから話し始めましょう。 | 伝えることが複数あるときは一度に言わず、ひとつひとつ確実に伝えましょう。 | 内容を復唱させるなど、能動的な活動をはさみましょう。 |

## D ワーキングメモリの力が弱い

注意・集中の力の弱さと重なることが多いつまずきです。ワーキングメモリが弱いと、人の話を全体でまとまりよく理解するのが大変な作業になるため、積極的に話を聞こうとしなくなることがあります。

| Step1 | Step2 | Step3 | Step4 |
|---|---|---|---|
| 話を聞きやすい静かな環境を用意しましょう。 | 話す内容を小分けにして、一度にたくさん伝えないようにします。 | 「今から大切なことを2つ言います」などのように内容の見通しを示しましょう。 | 口頭で伝えるだけでなく、視覚に訴えて理解を助けましょう。 |

# うそをつく

気になる ポイントチャート

| うそをつく | → | 空想や願望を<br>そのまま<br>言ってしまう | → | 自分に<br>注意を<br>引きたい | → | 「たたかれた」<br>などと思い<br>込みやすい | → | しかられない<br>ために<br>うそをつく |
|---|---|---|---|---|---|---|---|---|
| | | ↓ | | ↓ | | ↓ | | ↓ |
| | | **A** へ | | **B** へ | | **C** へ | | **D** へ |

→ YES　→ NO

---

## A 空想や願望をそのまま言ってしまう

「おじいちゃんにおもちゃ買ってもらった」などと、保育者に話したことが保護者に確かめると事実でなかったというようなことは、しばしば起こります。真実かどうかをあまり突きつめようとしないことが大切です。

| Step1 | Step2 | Step3 | Step4 |
|---|---|---|---|
| 事実と食いちがうことはあっても、子どもの気持ちになって耳を傾けます。 | 「買ってもらった」という話の語尾を「買ってほしいのね」と言い換えて反復しましょう。 | 「いつ」「どこで」など、子どもの話に不足している部分を確認しましょう。 | 子どもが伝えたいことをうまく話せるように「つなぎ役」になりましょう。 |

---

## B 自分に注意を引きたい

友達が「アイス食べた」と言うと「私100個食べた」と大げさに言う子どもがいます。自分のことを大げさに言う「うそ」で、自分の存在をアピールしているのです。

| Step1 | Step2 | Step3 | Step4 |
|---|---|---|---|
| 子どもは、大きいことや多いことがよいことだと思っている点を理解しましょう。 | 大げさな表現を通じて、何を伝えたがっているのか、くみ取ってあげましょう。 | 子どもの言葉を否定するのではなく、さりげなく聞き流しましょう。 | その子どもの「本当にできていること」をしっかり認めてあげましょう。 |

## ◆夢と現実が混在している世界

言葉が話せるようになったばかりの幼児の「うそ」は、大人のうそとは少し意味が違うので、あまり神経質になり過ぎないようにしましょう。

子どもの頭の中では本当にしたことか、したいことなのかがあいまいで、うまく切り離して話す技術も未熟です。そのため、思ったことを素直に話しているのに、大人にはうそのように聞こえてしまうこともあります。

言葉の発達が遅れていれば、「昨日」と「明日」の区別がつかないなど、時間概念の獲得も遅れがちになります。

## ◆物事を客観的にとらえられない

発達障害の子どもは、一つのことに注意を向けてしまうと、ほかのことや全体を見ることができない場合があります。友達が誘う意味で後ろから肩をたたいても「たたかれた」と誤解して、大騒ぎになるようなこともしばしばあります。

## Ⓒ 「たたかれた」などと思い込みやすい

友達に「取られた」「たたかれた」といった場面では事実を確認するだけでなく、そう思い込んでしまう子どもの理解力が部分的であることや、気持ちがダメージを受けていることも理解しましょう。

| Step1 | Step2 | Step3 | Step4 |
|---|---|---|---|
| 「たたいた」ことだけに目を向けず、子どもたちの言い分に耳を傾けましょう。 | 「○○ちゃんは、遊んでほしくて肩をトントンしたんだね」と友達の気持ちを伝えます。 | パニック＊になっているときは、場所を離して時間をおいてクールダウン＊しましょう。 | 「たたかれたと思うくらいびっくりしたのね」といやな気持ちを代弁しましょう。 |

## Ⓓ しかられないためにうそをつく

日頃から叱責ばかりされていると、しかられないようにうそをつくなどの反応を取ることもあります。子どもがうそをつくしかない背景を考えてみましょう。

| Step1 | Step2 | Step3 | Step4 |
|---|---|---|---|
| 「うそ」ということを責めないで、子どもの話を聞きましょう。 | たとえば「歯みがきしてきたよ」のうそを疑わずに「もう1回磨こう!」と目的に誘導します。 | 「本当はね～」と子どもが話したときには、絶対にしからないようにしましょう。 | 正直に話してくれたら、喜び合いましょう。 |

# 言葉を覚えるのが遅い

気になる ポイントチャート

| 言葉を覚えるのが遅い | → | 指示の理解ができない | → | 理解はできるが、話す言葉が少ない | → | 聞いても答えない | → | オウム返しやCMのセリフなどを独り言のように言う |

→ YES → NO

A へ　　B へ　　C へ　　D へ

## A 指示の理解ができない

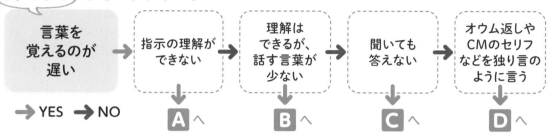

子どもにとって、保育者が話していることがわからないというのはとてもつらいことです。まずは、言葉が理解できなくても指示などがわかりやすい環境を整え、安心して過ごせるようにすることが大切です。

**Step1** 話し言葉に頼り過ぎず、見てわかりやすい保育環境を工夫しましょう。

**Step2** マークや数字を使って、場所や順番が理解できるようにします。

**Step3** 指示を伝えるときに短い言葉でわかりやすく話せているか振り返りましょう。

**Step4** 聞きのがしたり聞いたことを忘れたりしたとき、思い出せるよう視覚支援をします。

## B 理解はできるが、話す言葉が少ない

話すためには、発声に必要な運動の力が必要です。また、「いや」「ダメ」など意思表示の言葉を、ものの名前より早く覚える子、ものの名前は覚えても感情を表現できない子など、発達のタイプはさまざまです。

**Step1** 口の周りを動かす遊びや、なめる、吸うなどの食べ方をしてみましょう。

**Step2** 不明瞭な言い方でも、何を伝えたかったのか理解するように努めましょう。

**Step3** 言葉のまちがいを指摘したり言い直しをさせたりはせず、正しい言葉を聞かせましょう。

**Step4** 無理に言葉を引き出さなくてもよいコミュニケーションをはかりましょう。

#### ◆うまく話せない理由はさまざま

簡単な大人の指示は理解できるけれども、うまく話せない子どもたちがいます。短期記憶＊に課題がある学習障害の子ども、相手の言葉を真似するオウム返しや、気に入った言葉やフレーズだけを繰り返し言う自閉症スペクトラム障害＊の子どもなど、発達障害の子どもの言葉の発達には偏りがあります。

#### ◆コミュニケーションを楽しむ機会を

言葉の発達が遅れた子どもに対して、「たくさん話しかけてあげましょう」という助言をよく聞きます。しかし、子どもは一度にたくさんのことを話されると逆に混乱してしまいます。

まずは、子どもの理解できる言葉のレベルを確かめて、保育者と1対1でのコミュニケーションを楽しむ機会をつくるようにすることから始めましょう。

---

## C 聞いても答えない

「何歳ですか?」には答えられても、「いくつ?」には答えられないなど聞き方によっても違いが出てきます。子どもの言語理解の程度に合わせた聞き方を、心がけるようにしましょう。

| Step1 | Step2 | Step3 | Step4 |
|---|---|---|---|
| 子どもと向かい合い、聞こうという心がまえができているときに話しかけましょう。 | 子どもに理解できている言葉で質問するようにしましょう。 | 疑問詞(「何」「どこ」「だれ」「いつ」「どうして」)の理解度を確かめましょう。 | 絵カードや○か×のマーク、文字など言葉以外で答えられる選択肢を用意しましょう。 |

---

## D オウム返しやCMのセリフなどを独り言のように言う

言葉の意味を理解する力が弱いため、音声刺激に機械的に反応している状態です。コミュニケーションの第一歩は、やりとりの楽しさに気づくことです。回り道のようですが、根気よく一緒に遊びを楽しみましょう。

| Step1 | Step2 | Step3 | Step4 |
|---|---|---|---|
| 「ブランコゆらゆらする?」「ゆらゆらして!」など、一人二役で話しかけましょう。 | 触れ合い遊びや手遊びでわかり合えるやりとりを楽しみましょう。 | 繰り返して言うセリフに合わせた人形遊びをしてみましょう。 | 絵かき歌や好きな文字を書き、「もう1回書いて」など要求の言葉を引き出しましょう。 |

# おしゃべりが止められない

気になる ポイントチャート

おしゃべりが
止められない
→
こだわりが強く、
気がすむまで
話してしまう
→
会話のルール
がわからない
→
話したい
内容をうまく
まとめられない

→ YES → NO

Ａ へ　　　Ｂ へ　　　Ｃ へ

## Ａ こだわりが強く、気がすむまで話してしまう

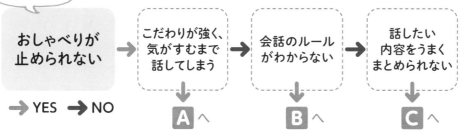

話している内容が、かならずしも相手に向けられているとはかぎりません。自分のこだわりや不安を鎮めるために話し続けることもあります。

| Step1 | Step2 | Step3 | Step4 |
|---|---|---|---|
| 相手を意識していない独り言にはあいづちや質問をはさみましょう。 | 自分のペースで好きにしゃべってもよい時間をつくりましょう。 | おしゃべりを止めることを示すシンボルカードなどを見せて気づかせましょう。 | 途中で話を止めることができたら励みになるごほうび（シール など）を用意しましょう。 |

## Ｂ 会話のルールがわからない

会話には「一方的に話さない」などのルールがあります。よいバランスで交互にコミュニケーションが取れるように、ルールを視覚的にわかりやすい形にして示すとよいでしょう。

| Step1 | Step2 | Step3 |
|---|---|---|
| 事前に会話のルールを確認して一方的に話さないことを伝えておきます。 | 会話のルールが具体的に意識できる活動（ボール爆弾★など）をしてみましょう。 | 玩具のマイクを向けられているときに話すなど小道具を工夫しましょう。 |

### ◆なぜ話し続けるのか

自閉症スペクトラム障害＊の子どもは、こだわりが強く、話をしていても相手を意識しているとはかぎりません。何かを伝達するために話しているのではなく、目新しい場面や人物に対する不安をなだめるために、自分がよく知っている内容を繰り返すことがあります。

また、よく聞いてみると好きなアニメーションのナレーションやセリフをつぶやき続けているということもあります。衝動性が高いために話したい気持ちを制御できない場合もあります。

このような場面では、むやみにしかるのではなく、子どもが話している内容にあいづちを打ったり質問を投げかけたりしながら他者を意識させるようにするとよいでしょう。また、不安や緊張が高い場合は、静かにさせることよりも、子どもが感じている不安や緊張の軽減に努めましょう。

### ◆視覚的な情報を活用する

子どものおしゃべりが長くなると、「静かにしなさい！」といった口頭での注意が多くなりがちです。

もっと効果的に「静かにする」ことを伝えるために、唇のイラストの上に大きく×印をつけたシンボルカードを見せるなど、視覚的な情報の工夫も意味があります。

シンボルカード

---

## C 話したい内容をうまくまとめられない

行動をコントロールする力が弱いために会話が一方向的になってしまうことがあります。会話のルールがすでに理解できているなら、ブレーキをかけやすくするための工夫を取り入れてみましょう。

| Step1 | Step2 | Step3 | Step4 |
|---|---|---|---|
| 話したい内容についてヒントになるイラスト、写真などを用意しましょう。 | 事前に話したい内容を子どもに挙げさせて、保育者がまとめておきます。 | 子どもに話すときには、その内容を整理してから伝えましょう。 | まとまりよく話せたときは、ほめてあげましょう。 |

# 抱っこや接触をいやがる

気になる ポイントチャート

| 抱っこや 接触を いやがる | → | 遊びや自分の 世界に夢中に なっている | → | 抱っこや 接触の意味が わからない | → | 高さや 不安定さが 怖い | → | 触れること・ 触れられること への不快感が 強い |
|---|---|---|---|---|---|---|---|---|

→ YES → NO

A へ　B へ　C へ　D へ

## A 遊びや自分の世界に夢中になっている

子どもが自分の世界に入り込んでいる場合、その流れを断ち切るような介入をいやがることがあります。不用意に接触すれば拒絶や無視などもありえます。子どもの状況を把握することが大切です。

| Step1 | Step2 | Step3 | Step4 |
|---|---|---|---|
| 子どもの遊びの様子を観察しましょう。 | 子どもの視野に入る位置で言葉がけをしながら関わりましょう。 | 保育者と間接的な接触のある遊び（フープ鬼ごっこ★など）をしてみましょう。 | 他者との接触に少しずつ慣れていけるような工夫をしましょう。 |

## B 抱っこや接触の意味がわからない

保育者にとっては、子どもの頭をなでたり抱っこしたりすることは愛情を示すスキンシップのひとつです。しかし、子どもによっては他者との身体的接触が緊張や不快感につながります。

| Step1 | Step2 | Step3 |
|---|---|---|
| 子どもに触覚防衛反応※がみられないか観察しましょう。 | 愛情表現を身体の触れ合いではなく言葉がけで表しましょう。 | 信頼関係ができたら、「○○ちゃんは大事な子だから、優しく頭をいい子いい子するのよ」など、言葉を添えて身体接触を少しずつ持ちましょう。 |

#### ◆触れ合いの一歩は信頼関係から！

子どもの世界に保育者が踏み込んでいくとき、子どもとの信頼関係が構築されていないと触れ合うことがむずかしくなります。子どもの状況に合わせた距離感を取りながら、少しずつ子どもとの触れ合いを広げていきましょう。

#### ◆触覚防衛反応の可能性も

子どもの遊びの中で、感触遊び（泥んこ・ねんど・絵の具など）をいやがる傾向がある

ときには、配慮が必要となります。日常生活での遊びの様子をチェックしながら子どもが喜ぶ感触を見つけ、そこからいろいろな感触を味わうことへと広げていきましょう。

#### ◆無理強いはしないように

子どもの触覚防衛反応＊が強いときは、スキンシップを無理強いせずに、子どもに合わせることが大切です。子どもによっては、触れられることは不快でも、自分から触れることには抵抗がない場合もあります。

---

## C 高さや不安定さが怖い

身体の接触の中でも、抱っこや「高い高い」などは地面から足が離れ、不安定さがともなうものです。ふだんの生活や遊びから、階段・ブランコ・すべり台・揺れる遊具・回転遊具などを怖がる感覚過敏＊の傾向がみられないか気を配りましょう。

| Step1 | Step2 | Step3 |
| --- | --- | --- |
| 怖がることは無理にしないようにしましょう。 | 怖さを示さない高さ・揺れ方・不安定さを確認してから抱っこしましょう。 | 子どもが慣れてきたら無理のない範囲でスキンシップにバリエーションをつけましょう。 |

---

## D 触れること・触れられることへの不快感が強い

感触遊びは、脳を刺激する大切な遊びです。しかし、その刺激が強すぎたり不快感をともなうと感覚過敏のある子どもはそれを受け入れられなくなります。十分注意して子どもの様子を見ながら接しましょう。

| Step1 | Step2 | Step3 | Step4 |
| --- | --- | --- | --- |
| 子どもがどんな刺激をいやがるのか観察しましょう。 | 子どもが心地よいと思える感触を探しましょう。 | 手探り遊びなど触覚を使った遊びで、さまざまな感触に慣れる体験を少しずつ重ねましょう。 | 他者と手を合わせる動作のある手遊びなど、少しずつ身体接触に慣れていきましょう。 |

# 特定の音や騒がしい所をいやがる

気になる ポイントチャート

| 特定の音や騒がしい所をいやがる | → | 音に対しての過敏性がある | → | 予想外の出来事にとても弱い | → | 複数の音が重なると聞き取ることが困難 | → | その音にいやな思い出がある |

→ YES　→ NO

A へ　B へ　C へ　D へ

## A 音に対しての過敏性がある

苦手な音が耳に入らないように配慮する一方で、さまざまな音に触れる経験を積むことも大切です。

**Step1** 子どもがどんな音に苦手さを示すか把握しましょう。

**Step2** 音のボリュームを下げて刺激を弱めましょう。

**Step3** 心を落ち着かせるための静かな場所を設けましょう。

**Step4** 日常の中でいろいろな音に触れる機会をつくりましょう。

## B 予想外の出来事にとても弱い

音そのものがいやというよりも、突然音が鳴りだしたことに恐怖を感じているのかもしれません。静かな所に移動して子どもの不安をなだめる配慮が必要です。

**Step1** 音にかぎらず、予想外のことに驚きやすい子どもかどうかを把握しておきましょう。

**Step2** 避難訓練のサイレンやチャイムなどの音量を絞っておきましょう。

**Step3** あらかじめいつどんな音が鳴るか伝えておき、心の準備をうながしましょう。

**Step4** 鳴っている音が何の音なのかわからず怖がっている場合は、説明しましょう。

◆聴覚過敏への理解が大切

日常の中にはいろいろな音があふれています。音は耳をふさいでも完全に避けることはできません。特定の音に嫌悪や恐怖を感じてしまう子どもの負担をきちんと理解してあげることが大切です。

感覚の過敏性のひとつに聴覚過敏＊が挙げられます。音は私たちが思っている以上に強い刺激として子どもには伝わっているのです。感覚の過敏性をなくすことはできません。無理に慣れさせようとするのではなく、状況にうまく適応できるように導くことが大切です。

◆突然の刺激に弱い

また発達に偏りがある子どもは、突然の出来事を柔軟に受け止めて処理することが苦手です。必要以上に驚いて恐怖を感じたりします。強い刺激を突然あたえないように注意し、あらかじめどんな音がするか知らせるなど、心の準備ができるようにしておくとよいでしょう。

## C 複数の音が重なると聞き取ることが困難

聞き取る力が弱いために、ざわざわした場所や耳障りな音が苦手だという子どももいます。妨害となる刺激を減らしたり、見てわかる情報を取り入れられるようにしたりして援助しましょう。

| Step1 | Step2 | Step3 | Step4 |
|---|---|---|---|
| できるだけ静かな環境を設定しましょう。 | 子どもを音源から離して活動に集中できるようにしましょう。 | 目で見て理解したり楽しんだりできるような活動を工夫してみましょう。 | 二人の人が同時に言った単語を聞き分けるなどの遊びを取り入れましょう。 |

## D その音にいやな思い出がある

おなかが痛かったときに特定の音を聞いていたため、その音が嫌いになったということがあります。その音を避ける配慮と同時に、その音がいやな出来事の原因ではないことをしっかり伝えます。

| Step1 | Step2 | Step3 | Step4 |
|---|---|---|---|
| 子どもがどんな音をいやがるかを把握しましょう。 | 子どもがどんな場面でその音を聞くことが多いか考えてみましょう。 | いやな状況がフラッシュバック＊しないようにその音から遠ざけましょう。 | 無理のない範囲で、楽しい場面で苦手な音を弱めに聞かせ不安を少しずつ軽くしてみましょう。 |

# じっとしていることが苦手

気になる ポイントチャート

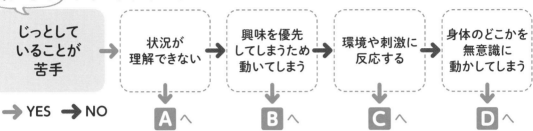

じっとしていることが苦手 → 状況が理解できない → A へ

興味を優先してしまうため動いてしまう → B へ

環境や刺激に反応する → C へ

身体のどこかを無意識に動かしてしまう → D へ

→ YES → NO

## A 状況が理解できない

子どもが「今はじっとしているべきときである」と場面を認識できているか観察しましょう。また、視覚的・聴覚的・その併用など、伝え方を変えることによって理解の深さに違いがあるかを把握しておきましょう。

| Step1 | Step2 | Step3 | Step4 |
|---|---|---|---|
| 日常の活動を通して子どもの理解力がどのくらいあるかを把握しましょう。 | 視覚、言語、あるいはその二つを組み合わせた説明で、理解しやすく伝えましょう。 | 短い時間から活動に参加させてみましょう。 | 落ち着いて参加できたらほめましょう。 |

## B 興味を優先してしまうため動いてしまう

日頃の生活から、遊びが次々と変わることが多くないか、また好きな遊びの傾向や、じっくりと取り組める遊び、興味が移っていきやすい遊びが何かを把握して集中しやすい環境を整えましょう。

| Step1 | Step2 | Step3 | Step4 |
|---|---|---|---|
| 子どもの遊んでいる様子をじっくりと観察しましょう。 | 余分な刺激を排除して、目移りせずに活動に参加できる環境をつくりましょう。 | いつまでじっとしていればよいのか、見通しを示しましょう。 | 絵・図・声かけなどで、今何をすればよいかわかるようにしましょう。 |

### ◆保育環境を見直す

じっとすることが苦手な子どもへの援助として、物事に集中しやすいように人的・物的な環境構成を整えることは有効です。

まず保育の中で、何が子どもの集中を散漫にさせているのか、ていねいに観察してみましょう。

### ◆脳の機能障害の可能性も

落ち着きがなかったり、じっとしていられないなどの行動上の問題があるときには、脳の機能障害である AD/HD などが疑われる場合があります。子ども自身、自分の行動をコントロールしようと努力してもなかなかうまくいかないこともあるのです。そのような可能性も念頭に置きながら支援を考えていくとよいでしょう。

必要に応じて保護者の理解を得ながら、関係する専門家と連携を取って多角的な支援を行っていくことも大切です。

## C 環境や刺激に反応する

一度にたくさん入ってくる情報を整理することが、むずかしい状態でしょう。一度にたくさんの刺激が入り過ぎないように気をつけることが大切です。現在の環境を見直してみましょう。

| Step1 | Step2 | Step3 | Step4 |
|---|---|---|---|
| 保育室にある掲示物や遊具などが、適切であるか確認しましょう。 | 保育室の広さ、明るさ、音の大きさなどの刺激となる要因を確認しましょう。 | 刺激を減らすために必要に応じて環境を整理しましょう。 | 環境を調整したうえで保育者と一緒に活動に参加するようにします。 |

## D 身体のどこかを無意識に動かしてしまう

子どもによっては貧乏ゆすりなどをきびしく注意すると、動作を止めることにエネルギーを使ってしまいかえって活動への参加がむずかしくなることもあります。AD/HD の徴候がみられないか確認しておきましょう。

| Step1 | Step2 | Step3 | Step4 |
|---|---|---|---|
| 意識が活動に向いているか、子どもの視線などで確認しましょう。 | じっとしていないながらも、活動に参加しているかどうかを確認しましょう。 | 参加できているようなら、そのことを評価しましょう。 | AD/HDの可能性が感じられた場合、必要に応じて専門家への相談も視野に入れましょう。 |

# 人やものによくぶつかる

気になる ポイントチャート

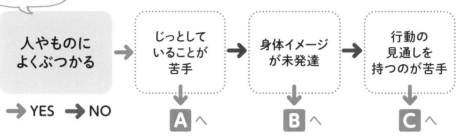

人やものに
よくぶつかる

→ じっとして
いることが
苦手

→ 身体イメージ
が未発達

→ 行動の
見通しを
持つのが苦手

→ YES → NO

**A** へ　　**B** へ　　**C** へ

## A じっとしていることが苦手

じっとしているのが苦手な子どもは多動＊だけでなく衝動性もあわせ持っていることが少なくありません。環境面の配慮と子ども自身の注意喚起との両方を心がけましょう。

| Step1 | Step2 | Step3 | Step4 |
|---|---|---|---|
| 保育環境の安全性を子どもの目線に立って点検しましょう。 | 注意をうながすイラスト（廊下の曲がり角で鉢合わせをしている図など）を掲示しましょう。 | 事前に、危険な行為について保育者がロールプレイング＊などで具体例を示します。 | 子ども自身が気をつけて行動しているときには意識的にほめましょう。 |

## B 身体イメージが未発達

身体感覚がうまくつかめていないために人やものにぶつかっているのかもしれません。「気をつけて」と言葉で注意するだけでなく子どもが身体イメージ＊を持てるような工夫をしましょう。

| Step1 | Step2 | Step3 | Step4 |
|---|---|---|---|
| 身体のいろいろな部分を意識できる遊びを取り入れましょう。 | 障害物をよけたりくぐったりする遊びの中で自分の身体の大きさを意識させましょう。 | 言葉（「ゆーっくり」「そろそろ」など）を添えて自分の動きのスピードを意識させましょう。 | ペアを組む遊びの中で相手の動きを意識するようにします。 |

◆**衝動性の高さが危険をまねく**

衝動性が高い子どもは、強く興味を引かれたことの一面にだけ注目し、行動全体の見通しが持てなくなります。そのため**危険の予測が甘くなりがち**ですので、危険な行為を前もって予測できるように支援することが大切です。

保育者が実際に危険な行為をジェスチャーで示したり、イラストなどの視覚に訴えるものを用意したりして、子どもが危険な行為を具体的にイメージできるようにするとよいでしょう。

◆**感覚情報の処理が未発達**

発達に偏りがある子どもの中には、感覚情報を適切に処理することが苦手な子どもが少なからずいます。感覚過敏＊などもその一例ですが、**自分の身体イメージ＊をうまくつかめない**ケースもあり、人やものにぶつかりやすい、お遊戯をなかなか覚えられない、人物画をうまくかけないなどのつまずきがみられ

ることがあります。

また感覚鈍麻＊があり、あまり痛みを感じないためぶつかることを繰り返してしまうケースも考えられます。

対策として、日頃の遊びの中に、ジャングルジムの鉄棒に触れないようにしてくぐる、遊具によじ登る、低めの位置で軽く揺らしたなわとびに引っかからないようにまたいで跳ぶなどの動作を取り入れるとよいトレーニングになるでしょう。

また、積極的な支援としては感覚を統合するための訓練（感覚統合療法）＊を取り入れることも一つの方法です。

---

# C 行動の見通しを持つのが苦手

次の展開を予測せずに動くと人やものにぶつかりやすくなります。保育環境を子どもの動線に合わせて調整したり、何に注意して動けばよいかを具体的に伝えましょう。

| Step1 | Step2 | Step3 | Step4 |
|---|---|---|---|
| 活動ごとに子どもの動線をシミュレーションしておきましょう。 | 子ども同士がぶつからない動線を確保しましょう。 | 動くときの注意点を事前に伝えましょう。 | ぶつからずに上手に動ける友達をモデルとして見せましょう。 |

# 高い所に上りたがる

気になる ポイントチャート

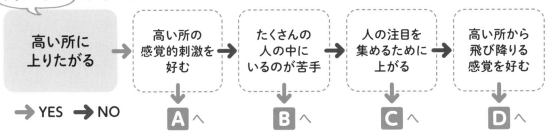

高い所に
上りたがる → 高い所の
感覚的刺激を
好む → たくさんの
人の中に
いるのが苦手 → 人の注目を
集めるために
上がる → 高い所から
飛び降りる
感覚を好む

→ YES → NO

A へ　　B へ　　C へ　　D へ

---

## A 高い所の感覚的刺激を好む

この場合、子どもは高い所で光や風、揺れる感覚などを楽しんでいるので、それをさえぎるような関わりをせず、その感覚を共有してあげると人と一緒に上がりたがるようになります。

| Step1 | Step2 | Step3 | Step4 |
|---|---|---|---|
| 子どもが上がったときには、静かにそばにいましょう。 | 子どもが感じていることを「風が気持ちいいねえ」などと言葉にします。 | 「チャイムが聞こえたら降りようね」と納得させてから降りるようにしましょう。 | 保育者と一緒に上がる、○分で降りるなどの約束をしてから上がります。 |

---

## B たくさんの人の中にいるのが苦手

自閉症スペクトラム障害\*の子どもは、集団活動が苦手です。運動会の練習のように大勢の子どもが園庭に出てくると、それを避けてすべり台の上などに上がってしまいます。

| Step1 | Step2 | Step3 | Step4 |
|---|---|---|---|
| 高い所でも、目が届く比較的安全な場所に上がらせましょう。 | 大きな音が苦手な子どもは、耳をふさごうとして手を離す危険があるので気をつけます。 | 高い所以外に集団を避けることができる安全な場所をつくってみましょう。 | 「○○ちゃん、どこだ?」と友達を探すなどして、集団の中にいることに慣れていきましょう。 |

## ◆高い所に上がるのが心地よい

心地よい感覚刺激を求めて高い所に上がる場合、子どもはそこでじっとしています。しかし、2階のベランダなどの場合には、転落防止の柵をつけたり、子どもが登りやすいものを片づけたりするなどの安全対策は、忘れずにしておきましょう。

## ◆手段として高い所に上がることも

人を避けたり、注目を集めようとして上がる場合は、周りに人がいなくなると降りてきます。このような場合には、いつでも避難できる場所を設けたり、関わり方を工夫したりすることで上がらなくなる可能性は高くなります。

一人離れて危険な行動を取る子どもがいると、ふだんの保育活動を進めていけなくなってしまいます。しかし、無理やりやめさせようとするとパニック＊になってしまい、危険が増してしまいます。もう一度冷静に子どもの様子を観察しましょう。

## C 人の注目を集めるために上がる

何げなく上がっていたときに、保育者が大騒ぎをしたことで、子どもは注目してほしいときには高い所に上ったらよい、とまちがった学習をしてしまうことがあります。

| Step1 | Step2 | Step3 | Step4 |
|---|---|---|---|
| 高い所に上がっているときに、大騒ぎしないようにします。 | 見ている子どもたちにも「大丈夫よ」と声をかけ、注目をそらせます。 | 落ち着いた声で「そこには登りません。降ります」と声をかけ、見守ります。 | 子どもが保育の中で注目してもらえるような活動を工夫しましょう。 |

## D 高い所から飛び降りる感覚を好む

AD/HDタイプの子どもには、飛び降りるスリルを楽しむために高い所に上がる場合があります。ダイナミックな運動遊具を使った遊びを十分楽しみ、高い所への関心をそらしましょう。

| Step1 | Step2 | Step3 | Step4 |
|---|---|---|---|
| 上がってしまったときには、安全な場所に飛び降りることを意識させましょう。 | トランポリンのように上下に揺れる遊具を楽しみましょう。 | すべり降りる、登り棒をつたって降りるなど、遊びのバリエーションを増やします。 | 興奮した遊びの後は、水を飲ませたり深呼吸をさせたりして、クールダウン＊しましょう。 |

# やる気が出ない

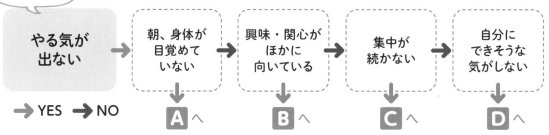

気になる ポイントチャート

やる気が
出ない → 朝、身体が
目覚めて
いない → 興味・関心が
ほかに
向いている → 集中が
続かない → 自分に
できそうな
気がしない

→ YES → NO

A へ　　B へ　　C へ　　D へ

## A 朝、身体が目覚めていない

発達障害が疑われる子どもの中には、寝起きが悪く、朝すぐに活動的になれない子どもがいます。早寝早起きなどの生活リズムの調整とともに、日光を浴びたり、軽く運動をしたりすることで身体を目覚めさせるといった工夫が必要です。

| Step1 | Step2 | Step3 |
|---|---|---|
| 身体や頭がしっかり起きていないときは、言葉での指示は少なくします。 | 登園して、まず最初の活動に一緒に園庭を走るなどの運動を取り入れましょう。 | 朝の活動のリズムを一定にして身体を慣れさせましょう。 |

## B 興味・関心がほかに向いている

子どもは興味・関心がある活動に対しては、やってみたいという気持ちになります。子どもがやってみたいと思えるような活動の動機づけができているかを振り返りましょう。

| Step1 | Step2 | Step3 | Step4 |
|---|---|---|---|
| 「その続きは○○の時間にできますよ」などと見通しを伝えましょう。 | 活動を子どもが好きなこと(電車・好きなキャラクターなど)と関連づけて提示しましょう。 | 子どもがスムーズに取り組めるように活動の手順をわかりやすく伝えましょう。 | 参加できたらそのことをほめ、その後に遊びの続きができるようにしましょう。 |

◆ふだんの環境を見直す

　これまでの子どもの育ち・保育者の指示の仕方・動機づけ＊の仕方・活動する場所の環境構成のあり方などを見直してみましょう。

　たとえできることでも、子どもが自信を失いやりたいという意欲を持つことができなければ行動として表れてきません。子どもがどのようなことに苦手意識＊を持っているか、把握しておくとよいでしょう。

　また、周囲の期待が大きすぎたり、完璧主義だったりすると、子どもはやってみる前から尻込みしてしまうかもしれません。

◆専門家との連携も視野に

　子どもの注意力のなさから、言われている内容が理解できず、やる気が起こらない場合も考えられます。

　遊びの中で活動性が低かったり、集中が途切れやすいなどの姿がみられた場合、保育者による行動観察や専門家による対応が求められる場合もあります。

## C 集中が続かない

ふだんから活動性が低い、遊びが転々と変わりやすい子どもは、集中力に困難があるのかもしれません。活動を無理強いする前に、集中を持続できる時間と活動内容を知っておくことが大切です。

| Step1 | Step2 | Step3 | Step4 |
|---|---|---|---|
| どのような活動に意欲があるか見てみましょう。 | 掲示物や音など、環境が整っているか確かめましょう。 | 聴覚・視覚に訴える工夫をして端的に伝えましょう。 | 話を聞いているか、理解できているかを確認しながら活動を進めましょう。 |

## D 自分にできそうな気がしない

やってみる前から苦手意識を持つ子どもがいます。完璧主義や自信のなさから活動に気持ちを向かわせることができません。そのような場合、子どもが楽しさや達成感を感じられる活動を工夫することが大切です。

| Step1 | Step2 | Step3 | Step4 |
|---|---|---|---|
| 事前に活動内容を知らせて見通しを持たせましょう。 | 活動の中で子どもが自信を持ってできる部分や好きな部分から取り組みましょう。 | ごほうびシールなど、子どもが「やりたい！」と思えるような動機づけを工夫しましょう。 | できたことを認めて自信をつけさせ、次の意欲につなげましょう。 |

# 偏食がはげしい

気になる ポイントチャート

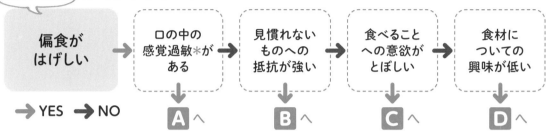

偏食が
はげしい
→
口の中の
感覚過敏\*が
ある
→
見慣れない
ものへの
抵抗が強い
→
食べること
への意欲が
とぼしい
→
食材に
ついての
興味が低い

→ YES → NO

A へ　B へ　C へ　D へ

## A 口の中の感覚過敏がある

発達障害の子の感覚過敏は、わがままではないと理解し、スプーンの先に口をつけることから慣れさせるなど、目標を細かい段階に設定したスモールステップ\*で対応します。

| Step1 | Step2 | Step3 | Step4 |
|---|---|---|---|
| どんな感覚が苦手なのかを観察しましょう。 | できるだけいやな感覚のものを取り去りましょう。 | 慣れさせたい食べものを少しずつ、一口からチャレンジしてみましょう。 | たとえ吐き出しても「口に入れられた」ことを認めて、ほめてあげましょう。 |

## B 見慣れないものへの抵抗が強い

今までに見たことや経験したことのないものを拒否することは、自然なことです。子どもは一般に、信頼している大人が口にしているものを信用して食べ始めます。しかし、発達障害があると他者への意識が育ちにくい分、食も広がりにくくなっています。

| Step1 | Step2 | Step3 | Step4 |
|---|---|---|---|
| 食事以外の遊びで保育者の真似をする機会を増やしましょう。 | お気に入りの友達や保育者がおいしそうに食べる姿を見せましょう。 | 「○○みたいな味だよ」と知っている食べものと結びつけてみます。 | 「どっちを食べてみたい?」と自分で選ぶように持っていきましょう。 |

◆何がいやなのかを探る

　発達障害の子どもの中には、特定の刺激に対して敏感さを持つ子どもが少なくありません。食べものの味や触感だけでなく、においや熱さ、冷たさにも非常に敏感です。

　「○○食品」のうどん以外は食べないというほど、味覚にこだわってしまう場合もあります。

◆ストレスを保護者と共有する

　発達障害の子が特定の食べものをいやがる

ことを、普通の好き嫌いと同じようにとらえるべきではありません。保護者の食生活を責めたり、家庭での食事指導を無理に求めたりすると、保護者のストレスが大きくなってしまいます。ストレスを保護者と共有して、園で段階的に取り組みましょう。あせらず、無理強いせず、が鉄則です。

## Ⓒ 食べることへの意欲がとぼしい

ふぁ〜

食が細い子どもの場合は、保護者がなんとか食べさせようと必死になったあまり、食事が楽しいと感じられなくなっているのかもしれません。

| Step1 | Step2 | Step3 | Step4 |
|---|---|---|---|
| 好きなものだけでOK、楽しく食べることを目標にしましょう。 | テーブルセッティングやBGMも工夫しましょう。 | 「もぐもぐ」「パクパク」「ゴックン」などリズミカルな声かけをします。 | おいしそうに食べている友達に注目させ、一緒に「あーん、パクン」と口に入れてみましょう。 |

## Ⓓ 食材についての興味が低い

身近な食材について知る機会を持つことも大切です。自分が世話をして育てた野菜であれば、特別な思いで口にすることができるでしょう。

| Step1 | Step2 | Step3 | Step4 |
|---|---|---|---|
| 園で育て、収穫した野菜を調理して食べる機会をつくりましょう。 | 直接栽培できない野菜は、絵本や視聴覚教材を利用して関心を持たせます。 | 地域の農家やお店屋さんの話を聞きに行きましょう。 | 苦手な食材は「ニンジンを食べるとウサギさんみたいに跳べるよ!」など、よいイメージづけをしましょう。 |

# 歯みがきをいやがる

気になる ポイントチャート

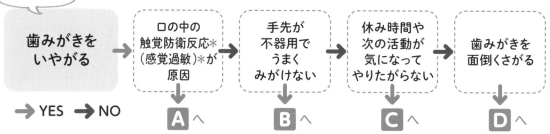

| 歯みがきを<br>いやがる | → | 口の中の<br>触覚防衛反応＊<br>（感覚過敏）＊が<br>原因 | → | 手先が<br>不器用で<br>うまく<br>みがけない | → | 休み時間や<br>次の活動が<br>気になって<br>やりたがらない | → | 歯みがきを<br>面倒くさがる |
|---|---|---|---|---|---|---|---|---|
| | | ↓ | | ↓ | | ↓ | | ↓ |
| | | **A** へ | | **B** へ | | **C** へ | | **D** へ |

→ YES　→ NO

## A 口の中の触覚防衛反応（感覚過敏）が原因

子どもに触覚防衛反応がないか確認しましょう。感覚の問題を持つ子どもは、同じ刺激でも触るより触られる方が苦手です。無理強いをしないように気をつけましょう。

| Step1 | Step2 | Step3 | Step4 |
|---|---|---|---|
| 濡れるのをいやがる場合は手元にハンドタオルを用意します。 | みがいてあげる場合、歯ブラシの当たり方が痛くないか確認しましょう。 | 歯ブラシの硬さや大きさが子どもの好みに合っているか確認しましょう。 | 歯みがき粉の舌触りやにおい、味が不快な刺激になっていないか確認しましょう。 |

## B 手先が不器用でうまくみがけない

道具を使った活動は、手先がうまく使えない子どもには負荷の高いものになります。手を添えて動作の感覚をつかむなど、日頃から手先をいろいろな形で使うようにしましょう。

| Step1 | Step2 | Step3 | Step4 |
|---|---|---|---|
| 歯ブラシの太さや長さが子どもに持ちやすいものか確認しましょう。 | みがき方を示すだけでなく手を添えて動作の感覚をつかませましょう。 | 子どもが扱いやすい歯ブラシの持ち方を見つけましょう。 | 日頃から手先を使った遊びをしたり、いろいろな道具を扱う練習をしましょう。 |

#### ◆触覚過敏への理解が大切

口の中の触覚防衛反応（感覚過敏）があると、口の中に歯ブラシなどの異物が入るのをとてもいやがります。慣れない食べものを敬遠することから、偏食が強く表れることもあります。このような過敏性を理解して、強い口調で指示したり、無理強いしたりすることは避けましょう。

また、子どもの許容範囲の硬さや舌触り、味の歯ブラシや歯みがき粉を選びましょう。

#### ◆歯みがきに気持ちが向くように

歯の健康を守るための歯みがきも、子どもにとっては楽しさを見いだしにくく、動機づけの低い行為です。遊びなどの次の活動と区切って、歯みがきだけに集中できるようにすることが大切です。

また、歯をみがいている間に歯みがきがテーマの楽曲を流したり、砂時計などを用意したりすると歯みがきの時間を意識しやすくなるでしょう。

---

### C 休み時間や次の活動が気になってやりたがらない

活動の途中で次のことが気になってしまい、後始末が中途半端になってしまう子がいます。食事から休み時間への移行をあいまいにしないようにしましょう。

| Step1 | Step2 | Step3 | Step4 |
|---|---|---|---|
| 食事→歯みがき→遊びの子どもの動線に配慮しましょう。 | 子どもの自由なペースにまかせず、一斉に歯みがきタイムを取りましょう。 | どこをどのくらいの時間みがけばよいか、手がかりになるような音楽を流しましょう。 | 歯みがきチェックを保育者にしてもらい、シールをもらうなどの動機づけをしましょう。 |

---

### D 歯みがきを面倒くさがる

道具の準備や後片づけなどが負担になる場合があります。不器用さ*や注意の移り変わりのはげしさとも関係します。面倒なことと思う背景にひそむ子どもの困難さに目を向けましょう。

| Step1 | Step2 | Step3 |
|---|---|---|
| 歯みがき用具が扱いにくいものではないか確認しましょう。 | 歯みがき用具の収納（出し入れ）の手間をシンプルにします。 | きちんとみがけたらシールやスタンプで記録して意識づけをしましょう。 |

# ものの扱い方が乱暴

気になる ポイントチャート

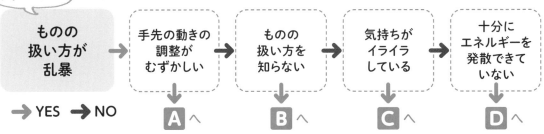

| ものの扱い方が乱暴 | → | 手先の動きの調整がむずかしい | → | ものの扱い方を知らない | → | 気持ちがイライラしている | → | 十分にエネルギーを発散できていない |

→ YES　→ NO

A へ　B へ　C へ　D へ

## A 手先の動きの調整がむずかしい

「そーっと置いて」という「そーっ」の力加減はむずかしいものです。力いっぱい押さえても大丈夫なボールや、少しの力でくしゃくしゃになってしまう紙風船など、強弱が体験できる素材に触れる機会をつくります。

| Step1 | Step2 | Step3 | Step4 |
|---|---|---|---|
| 大きなボールを力いっぱい押すなどの遊びをしましょう。 | ぎゅっと体を硬くした後「はあーっ」と息を吐くことで、力の抜き方を体験させましょう。 | 利き手が意識できていない場合は、「どっちがやりやすい?」と確かめます。 | 「そーっ」という言葉を「5で置くよ」と言い換え、数字を数えながらものを動かしましょう。 |

## B ものの扱い方を知らない

クレヨンを箱にならべて片づける、こぼさないようにお茶のコップを置くなどの動作は、日頃の体験の中で覚えていきます。根気よく繰り返し、「うまくできた」という体験ができる工夫を考えましょう。

| Step1 | Step2 | Step3 | Step4 |
|---|---|---|---|
| 保育者がものを大切に扱うよい手本を示しましょう。 | 「投げてはダメ」ではなく「ここに置こうね」とどうしたらよいかわかる言葉をかけましょう。 | できたときには「優しく置けたね」とその場で認めましょう。 | 宅配便ごっこなど、ものをていねいに運ぶ遊びをやってみましょう。 |

◆力の調整はむずかしい

　自分の身体を思うように動かすためには、そのベースになる感覚運動の機能を高めることが大切です。

　ものを扱うことは簡単なようですが、身体のさまざまな器官がうまく連携して、繊細な力の入れ方ができるよう調整されて動いています。この動きを上手に行うためには、基本となる姿勢を保つことから、力の入れ方や抜き方、目と手がかみ合って働く力などをバラ ンスよく育てていくことが大切です。

◆乱暴さの背景を考える

　子どもは正直で、気持ちがすぐ行動に表れてきます。しかし、子どもがイライラした気持ちになる場合も、その子ども自身に原因があるとばかりはいえません。家庭や何げなく行っている日々の保育の内容が、その一因になっていることもあるのです。その子の乱暴さの裏に何があるのか、じっくりと観察して考えてみることから始めていきましょう。

## C 気持ちがイライラしている

乱暴なものの扱いは、子どもの心のシグナルかもしれません。しかるのは逆効果です。子どもに寄り添い、気持ちを受け止めましょう。

| Step1 | Step2 | Step3 | Step4 |
| --- | --- | --- | --- |
| いつ、どこで、どんな状況で乱暴になるか観察しましょう。 | ゆとりを持って、落ち着いてできる時間を確保しましょう。 | イライラした気持ちを言葉で伝えられるように耳を傾けましょう。 | イライラをやっつける方法を、子どもと話し合ってみましょう。 |

## D 十分にエネルギーを発散できていない

保育者が行事の準備や雑務に追われるあまり、子どもが十分エネルギーを発散できる保育活動が少なくなっていないかを、振り返ることも大切です。

| Step1 | Step2 | Step3 | Step4 |
| --- | --- | --- | --- |
| 運動量が多い遊びを取り入れてみましょう。 | 「静の遊び」と「動の遊び」の時間設定をうまく組み合わせましょう。 | せまい場所でも大きく手足を動かす手遊びを、上手に取り入れましょう。 | 身体に力を入れて止め、急に脱力する遊びも動かずにエネルギーの発散ができます。 |

79

# ルールや順番が守れない

気になる ポイントチャート

ルールや順番が守れない

→ 自分の世界に入り込み、人に興味を示さない → **A**へ

→ ルールや順番の理解がむずかしい → **B**へ

→ 衝動的に行動する → **C**へ

→ 理解はしているが、自分の気持ちを抑えられない → **D**へ

→ YES → NO

## A 自分の世界に入り込み、人に興味を示さない

子どもによっては、他者への関心や集団活動に参加することへの意識が薄い場合があります。そのような場合、行動がマイペースで順番やルールを無視したかたちになることがあります。

**Step1** ほかの子どもと共同して行う活動に、保育者とともに参加して楽しみましょう。

**Step2** ほかの子どもがしている活動の内容に注目するようにします。

**Step3** 絵や図で活動のルールを他者との関わりと関連づけて示しましょう。

**Step4** 保育者が援助しながら、ルールにそって誘導します。

## B ルールや順番の理解がむずかしい

活動や遊びを部分的に模倣するものの、全体像を把握することがむずかしい子どもがいます。全体的なつながりが理解できていないため、ルールにそった行動が取れないことがあります。

**Step1** 活動のどの部分が理解できていないかを確認しましょう。

**Step2** 絵・図・人形など、その子どもにわかりやすい方法でルールを説明しましょう。

**Step3** 保育者と二人でルールにそって活動してみましょう。

**Step4** 保育者が援助しながら、集団の中でルールにそって参加してみましょう。

## ◆子どもの特徴に合わせた伝え方

順番やルールを守れないという結果だけをみるのではなく、どうして守れないのかを探り、理解するための方法を見つけてあげましょう。絵や図を提示して理解をうながす場合でも、情報を時系列で扱うか、全体を示したうえで個々に関連づけするかなど、子どもによって伝わりやすい方法は違ってきます。

## ◆ルールの大切さをわかってもらう

なぜルールが必要なのかをもう一度考えて

**時系列で示す**

●にもつをもってかえろう！
①おどうぐばこのなかをかたづける
②おどうぐばこをふくろにいれる
③きがえをいれる
④できあがり！

**全体と個々の関係で示す**

●にもつをもってかえろう！

整理してみましょう。そして、ルールや順番を守ることができないとどうなってしまうかを、その子どもにわかりやすい方法で伝えましょう。

## C 衝動的に行動する

全体の見通しを頭に置きながら行動するのが苦手な子どもは、とっさにルールからはずれた行動をしてしまうことがあります。

| Step1 | Step2 | Step3 | Step4 |
|---|---|---|---|
| 日頃の生活の中で子どもが衝動的に行動することがあるか観察しましょう。 | 子どもがルールからはずれたことをしそうな場面を、事前に意識できるような話をしましょう。 | 「今日は○○をしないでルールを守っているね」といった言葉をかけ、意識がそれないようにします。 | ルールを守れたらほめ、自信を持てるように励まします。 |

## D 理解はしているが、自分の気持ちを抑えられない

日頃から自分の気持ちのコントロールがむずかしいのかもしれません。一番にこだわったり、自分の思いを最後まで通そうとする子どもはルールを理解していても破ってしまうことがあります。

| Step1 | Step2 | Step3 | Step4 |
|---|---|---|---|
| 順番を書いたカードを渡すなどして、自分の順番がかならずくることを知らせましょう。 | 一番になれなくても、がまんできたときにはほめましょう。 | 手持ちのカードが多い方が勝つゲームと、負けるゲームの両方で遊んでみましょう。 | 上手に自分の気持ちをコントロールして活動に参加できたときは、しっかりとほめます。 |

# 活動の途中でどこかに行ってしまう

気になる ポイントチャート

活動の途中でどこかに行ってしまう → 集団参加の意識が薄い → 注意がほかに向いてしまう → 何か不快な刺激がある → 過去のいやな経験を思い出して避ける

→ YES → NO

A へ　B へ　C へ　D へ

## A 集団参加の意識が薄い

まず、集団で活動するということを子どもがしっかり理解できているか確認しましょう。理解しているようなら活動の見通しを持たせたうえで集団活動を意識づけしましょう。

| Step1 | Step2 | Step3 | Step4 |
|---|---|---|---|
| 集団活動の内容を理解できているかチェックしましょう。 | 保育者も交え、少人数で集団遊びを楽しめるようにしましょう。 | 活動の内容を具体的に伝え、見通しを共有しましょう。 | ここだけ参加できたらよしとするポイントを決めて、参加できたらほめましょう。 |

## B 注意がほかに向いてしまう

子どもの注意が活動に向けられているか確認します。注意・集中の持続がむずかしい子どもには、活動の説明は短く小分けにして、具体的にイメージできるよう伝えます。

| Step1 | Step2 | Step3 | Step4 |
|---|---|---|---|
| どんな状況で注意がそれやすいか傾向をつかみましょう。 | 周囲を静かにさせるなど、余分な刺激を減らして集中できるようにしましょう。 | 活動の見通しを示し、指示や説明は具体的かつ短く伝えましょう。 | 活動の途中で声をかけ、活動への意識が持続できるようにしましょう。 |

## ◆集団でいるのがつらいことも

子どもによっては、他者との相互関係をともなう集団活動は、自分のペースを保つことができない苦手な活動となります。

また、保育者の説明や指示が冗長だったり、活動自体がメリハリを欠いたりする場合には、子どもの注意が容易にそれて、もっと刺激のあるものに向かってしまうことがあります。多動＊傾向や衝動性が高い子には具体的でわかりやすい活動を心がけましょう。

## ◆目を離さないことが大事

感覚過敏＊のある子どもやフラストレーションをともなう場面に弱い子どもは、その場を避ける傾向があります。子どもの苦手な要素に配慮しながら耐性をつけていくとよいでしょう。

原因がいずれであるにせよ、安全面への配慮は欠かせません。場合によっては人手を増やして目を離さないようにするなどの対策も必要になります。

## C 何か不快な刺激がある

感覚過敏などの特徴から、その活動に参加したくないのかもしれません。子どもがどんな刺激をいやがるか、日頃から様子を観察しておきましょう。

| Step1 | Step2 | Step3 |
|---|---|---|
| どんな活動のときに参加しないのかをチェックしましょう。 | 参加したがらない活動の特徴を把握しましょう（大きな音がする・他児との接触が多いなど）。 | 苦手とする刺激への対応をしましょう（スピーカーの音量を下げる・接触が多い活動を無理強いしないなど）。 |

## D 過去のいやな経験を思い出して避ける

保育者が気づかないポイントでフラッシュバック＊を起こす子どもや思い通りにいかない状況にとても弱い子どもがいます。どんな状況が苦手かを日頃から把握しておきましょう。

| Step1 | Step2 | Step3 | Step4 |
|---|---|---|---|
| 以前に似たような状況でトラブルなどがなかったか把握しておきます。 | 子どもの不快な気持ちを保育者が代わりに言葉で表現してあげましょう。 | 場合によっては無理に活動にもどさず、別の場所で気持ちを整えましょう。 | 活動にもどることができたときにはほめましょう。 |

# スケジュールを変更するととまどう

気になる ポイントチャート

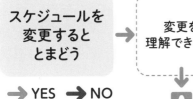

スケジュールを
変更すると
とまどう

→ 変更を
理解できない

→ 変更に対して
パニック＊を
起こす

→ 変更前の
スケジュールを
押し通す

→ YES → NO

A へ　　B へ　　C へ

---

## A 変更を理解できない

状況理解が弱かったり、マイペースだったりするとスケジュールがどのように変更されたかわからず活動にうまく参加できなくなる場合があります。

| Step1 | Step2 | Step3 |
|---|---|---|
| 一日の流れがわかるスケジュール表をつくっておきます。 | 変更があったときは、変更点を事前に具体的に説明しましょう。 | 変更された部分を図示するなどイメージしやすい支援を行いましょう。 |

スケジュール
変更
→

スケジュール表を項目ごとに移動できるようにつくっておくと、活動の順番や内容が変更になったときに、すぐに視覚的に伝えることができて便利です。

### ◆こだわりへの理解が大切

　自閉症スペクトラム障害＊の特徴のひとつにこだわり（固執性）があります。こだわりには、できあがったパターンをそのまま維持したいという強い思いが含まれます。

　そのため、決められたスケジュールを変更するといったことに、柔軟に対処しきれずパニックを起こして騒いだり、元のやり方を押し通したりといった行動を起こすことがあります。

　これらの行動はわがままではなく、発達の偏りからくる特徴なのだと理解することが大切です。

### ◆変更はあらかじめ伝える

　できあがったパターンを崩さざるを得ないときは、子どもにとって不意打ちにならないように、事前に具体的なイメージを持てるよう説明をしておくことが必要です。

　少しでも不安や不快感を軽くすることができるように配慮しましょう。

## B 変更に対してパニックを起こす

予想外の出来事に柔軟に対処することがむずかしい子どもには、事前の働きかけが大切です。気持ちを鎮めるための場所を用意しておくことも必要です。

| Step1 | Step2 | Step3 | Step4 |
|---|---|---|---|
| 活動によっては、たくさんのパターンを設定しておき、柔軟に対応しましょう。 | スケジュールの変更は直前ではなく余裕を持って伝えておきます。 | パニックを鎮めるための落ち着いた場所を用意しておきます。 | 落ち着いたら子どもと相談して活動にもどれるようにしましょう。 |

## C 変更前のスケジュールを押し通す

変更が受け入れられず従来のパターンを押し通す場合があります。気持ちに寄り添いながら、子どもが少しずつ変更を受け入れられるようにサポートしましょう。

| Step1 | Step2 | Step3 | Step4 |
|---|---|---|---|
| しかることなく、動揺している気持ちを受け止めましょう。 | 無理強いせず、部分的にでも参加できることがあれば参加させましょう。 | パターン化されたものを変更するときは、事前に変更内容を伝えておきましょう。 | 次回のために、パターン化された活動を少しだけ変更して、参加させる練習をしましょう。 |

85

# 次の活動への切り替えができない

気になる ポイントチャート

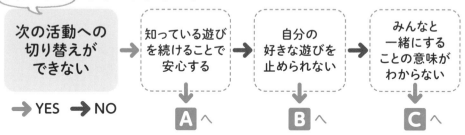

| 次の活動への切り替えができない | → | 知っている遊びを続けることで安心する | → | 自分の好きな遊びを止められない | → | みんなと一緒にすることの意味がわからない |

→ YES　→ NO

Ａへ　　Ｂへ　　Ｃへ

## Ａ 知っている遊びを続けることで安心する

こうやって…こうなって！

知っていることや、わかっていることをやり続けることによって不安から自分を守り、安心感を得ようとする子どもがいます。切り替えた後の活動を少しでもなじみのあるものに設定するとよいでしょう。

| Step1 | Step2 | Step3 | Step4 |
|---|---|---|---|
| どんな活動になじみがあるのか、ないのかを把握しましょう。 | どんな活動を好むのかも把握しましょう。 | 切り替えた後の活動も子どもにとってイメージしやすい既知のものにしましょう。 | 「終わり」と「始まり」をわかりやすく提示し、切り替えのタイミングを明示しましょう。 |

## Ｂ 自分の好きな遊びを止められない

もっと するの！

自分の好きな遊びを途中でやめられないときは"終わり"という合図を子どもと一緒に決めておくとよいでしょう（例：カードがなくなったらおしまい・〇ページまで・長い針の位置など）。

| Step1 | Step2 | Step3 | Step4 |
|---|---|---|---|
| 活動を始める前に「〇時まで」などと言って終わりのタイミングを予告しましょう。 | 時間内にやり終えることのできる量を設定しましょう。 | 終わる時間の少し前に言葉がけをして心に余裕を持たせましょう。 | 活動終了後、好きな遊びがまたできるという経験をさせましょう。 |

#### ◆「終わり」を意識させる

集団では、活動の切り替えを個々の都合に合わせることはできません。それまでの活動を名残惜しみながら切り替えねばならない場面も出てきます。集団意識＊がとぼしかったり、こだわりが強い子どもは、このような活動の切り替えが困難です。

そのような子どもを援助するために、活動の流れがわかるように図式化したものを用意するとよいでしょう。また、子ども自身が「あとどれだけで終わり！」ということを予測できるように、終了時刻の直前に知らせるだけでなく、**事前に何回か終了を予告しておくことも大切です。**終了を知らせるためにタイマーを活用するのもよいでしょう。

#### ◆まずは信頼関係づくりから

一つのことに固執する気持ちが強いことが原因で、なかなか切り替えられない場合もあります。そのような場合に、たとえば「お昼寝が終わってからこの続きをしようね」と約束してみましょう。

"終わり"の後にまた自分の好きな遊びができたという「やめても後でもう一度できた」経験が保育者との信頼関係につながります。まず、子どもとの信頼関係をつくるところから始めてみましょう。

## C みんなと一緒にすることの意味がわからない

自分の世界に入り込み、みんなで一緒に活動することの楽しさや意味がわからないために、集団活動の流れに合わせることがむずかしい場合があります。人への関心の希薄さや社会性の未熟さ、活動内容に対する理解の度合いを把握して、子どもに合ったレベルでの参加の仕方を考えましょう。

| Step1 | Step2 | Step3 |
|---|---|---|
| 朝、一日の予定全体を他者の行動とも関連づけて説明しましょう（「○時から△組がホールを使うのでそれまでしかホールでの活動はできません。○時になったら保育室で□の活動をします」など）。 | 複数の子どもが参加しないと楽しめなかったり、成立しなかったりする遊びを選択します。無理強いをせず、子どもの参加できる範囲を把握しておきましょう。 | 上手に切り替えられたときには、「サッと終わらせられたから、次の活動をみんなで時間をかけて楽しめるね」など、具体的なよい面を伝えてほめましょう。 |

# 登園のとき、なかなか保育室に入れない

気になる ポイントチャート

登園のとき、なかなか保育室に入れない → 場面の切り替えを受け入れるのに時間がかかる → 登園後にすることの見通しが持てない → 先に登園している子どもの遊びに注意が向く → 親と離れることへの抵抗が強い

→ YES → NO

A へ　　B へ　　C へ　　D へ

## A 場面の切り替えを受け入れるのに時間がかかる

予測がつかないことへの不安や混乱した気持ちを落ち着かせるのに時間がかかる子どももいます。子どもの気持ちに寄り添いましょう。

| Step1 | Step2 | Step3 | Step4 |
|---|---|---|---|
| 集団の騒音が苦手な場合は、保育室に誘いましょう。 | 保育室にお気に入りの遊具や本などを用意し、それを写した写真を見せて誘いましょう。 | 保育室で子どものお気に入りの音楽をかけて誘いましょう。 | 保育室に入ってする儀式（人形にハイタッチ・シール貼りなど）を決めましょう。 |

## B 登園後にすることの見通しが持てない

一日のスケジュールの見通しが持てないと、ひとつひとつの行動が指示待ちになってしまい、保育室に入って活動を始めようとする意欲も低下します。自発的に行動できるようにしましょう。

| Step1 | Step2 | Step3 | Step4 |
|---|---|---|---|
| 前日に、次の日の予定表を一緒に貼り替えましょう。 | 家庭でもその日の活動を予告してもらいましょう。 | 玄関に保育室での活動を予告する掲示をして、期待を持たせましょう。 | 自分から保育室に入れたら、連絡帳にシールを貼るなどして継続できるようにします。 |

### ◆場所に対する不安を受け入れる

子どもは好奇心が強いとはいえ、初めての人や場所には不安を抱くものです。それに慣れていくプロセスも、個人差が大きいので、あせらずに受け入れていきましょう。

発達障害の子どもは、特に視覚記憶＊に優れていて、ものの置き場所が変わるなど、ちょっとしたことでも混乱するので、季節感を出すなどの目的で、玄関や廊下の壁面飾りを替えるときにも注意が必要です。

### ◆子どもの動線に配慮する

登園時間の差が大きいと、子どもたちの興味を引く遊びが、登園時にすでに園庭で繰り広げられている場合も多いでしょう。

そんなとき、発達障害の子どもはそちらの刺激に引きずられてしまいます。子どもの視点に立って、保育室までの動線を見直してみましょう。

---

## C 先に登園している子どもの遊びに注意が向く

目の前の刺激に反応しやすい発達障害の子どもは、遊びに気持ちがいってしまうと、朝の身辺の整理よりも、そちらに関心が向かってしまいます。

| Step1 | Step2 | Step3 | Step4 |
|---|---|---|---|
| 身のまわりのものを決まった場所に置いてから、遊ぶことを認めましょう。 | 玄関から保育室までの動線にある、余分な刺激を減らします。 | 保育室に入るまで保育者が付き添い、注意がそれないよう声をかけます。 | 玄関で今からすることを確認した後、一人で保育室まで行くよううながしましょう。 |

---

## D 親と離れることへの抵抗が強い

大好きな保護者と離れる瞬間はつらいもの。保護者に代わって、心を許せる保育者との関係を築くとともに、家庭で必要以上に登園へのプレッシャーをかけないよう協力してもらうことがポイントです。

| Step1 | Step2 | Step3 | Step4 |
|---|---|---|---|
| 子どもが登園したときに対応する保育者を一人決めます。 | 1対1で保育者との遊びが楽しめるようにしましょう。 | 友達ができたら、その友達に一緒に登園してもらいましょう。 | 保育室で大好きな保育者や友達が待っていると知らせ、一人で入るよううながしましょう。 |

# 準備やしたくをしようとしない

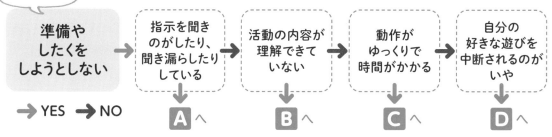

準備や
したくを
しようとしない

→ YES → NO

指示を聞き
のがしたり、
聞き漏らしたり
している

A へ

活動の内容が
理解できて
いない

B へ

動作が
ゆっくりで
時間がかかる

C へ

自分の
好きな遊びを
中断されるのが
いや

D へ

## A 指示を聞きのがしたり、聞き漏らしたりしている

短期記憶＊で一度に覚えられる容量は、年齢とともに増加します。発達
障害の子どもの場合はその個人差が大きいので、理解力の程度に応じ
て話しかけましょう。

| Step1 | Step2 | Step3 | Step4 |
|---|---|---|---|
| 話すときに「○組さん」と声をかけるなどして、注意を引きます。 | 隣の保育室の歌声などが聞こえないような、静かな場所で指示を出します。 | 写真や絵など視覚教材を使い、短い文で具体的に話しましょう。 | 伝わったかの確認は、「わかった?」ではなく、内容を復唱するように伝えます。 |

## B 活動の内容が理解できていない

動物園の絵をかくはずが、好きな果物をかき始めて驚いた経験はありま
せんか。周りの様子を見ながら道具の準備はできても、その道具を使っ
て何をするかが理解できていない場合もあります。

| Step1 | Step2 | Step3 | Step4 |
|---|---|---|---|
| 説明の後、活動を始める前に個別に「何をかくのだった?」などと確認しましょう。 | 1対1で、道具の使い方の手本を示しましょう。 | 活動のお手本になってくれそうな友達にそばにいてもらいましょう。 | 見本やイメージ図を使って、子どもに活動の見通しを示しましょう。 |

## ◆子どもの意欲を奪わず、育てる

製作遊びの準備や、外へ出かけるしたくがなかなか進まない子どもがいます。ほかの子どもたちを待たせているうちに、ついあせって、しかったり、代わりにやってあげたりして、子どもの意欲や学ぶ機会を奪ってしまっていませんか。

聞く力や聞いたことをイメージする力が弱い発達障害の子どもには、それぞれの理解度に応じた支援で、意欲を育てていきましょう。

## ◆次の活動を意識させる

自分が夢中でしていることを急に中断させられたら、大人でも面白くありません。まして、前後の状況の変化を理解する力が弱い発達障害の子どもは、予想外のことにパニック＊を起こしてしまいます。まず、これからすることに見通しを持たせ、周りの状況に目を向けやすくすることを意識しましょう。そのときは「やめなさい」ではなく「次、○○しよう！」と肯定的な表現を使います。

## C 動作がゆっくりで時間がかかる

服を着る、靴下をはくなどの動作がゆっくりした子どももいます。また、道具を出すのに、棚と机の間を何往復もしたり、自分のペースが変えられない子どももいます。

| Step1 | Step2 | Step3 | Step4 |
|---|---|---|---|
| 子どものペースを把握し、できるまで待ってあげましょう。 | 服の前後、上ばきの左右などがわかりやすいマークをつけます。 | 手順表をつくって見せたり、動作の手順を示した歌を歌ったりしてみましょう。 | 「10数える間にできるかな？」など速さを意識できるような声をかけましょう。 |

## D 自分の好きな遊びを中断されるのがいや

自分の世界に没頭し過ぎる傾向がある発達障害の子どもには、手早くできるにもかかわらず、なかなか活動を切り替えにくい場面がよくみられます。

| Step1 | Step2 | Step3 | Step4 |
|---|---|---|---|
| 時計を使って、「長い針が○になったら〜しようね」と予告しましょう。 | 時間がきたら、次にすることを書いたカードを見せながら伝えましょう。 | 「終わり」という言葉への拒絶が強い場合、「次は○○するよ！」と先の楽しみを伝えます。 | スケジュール通りに自分で切り替えられたときは、すかさずほめましょう。 |

# 座って食事ができない

気になる ポイントチャート

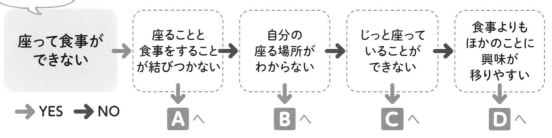

座って食事が できない → 座ることと 食事をすること が結びつかない → 自分の 座る場所が わからない → じっと座って いることが できない → 食事よりも ほかのことに 興味が 移りやすい

→ YES → NO

A へ　　B へ　　C へ　　D へ

## A 座ることと食事をすることが結びつかない

いただきまーす

食事に関する一連の流れが理解できているか確かめましょう。席につく→みんなで「いただきます」→食べる、の流れがわからず、なんとなく食事をしている子どもがいないか注意しましょう。

| Step1 | Step2 | Step3 | Step4 |
|---|---|---|---|
| 座って待つことができている子どもを認め、全体を落ち着かせます。 | 子どもの見やすい場所に、食事の手順表を掲示しましょう。 | コップ、お弁当などを置く場所を示したランチョンマットを用意してみましょう。 | 「いただきますカード」を作り、見せたらみんなで「いただきます」をするように習慣づけます。 |

## B 自分の座る場所がわからない

食事の班が変更になったりすると、自分がどこに座ってよいかわからず、うろうろしてしまうことがあります。「好きな所でいいよ」「空いている所に」など、自由を与えられる方が混乱する場合もあります。

| Step1 | Step2 | Step3 | Step4 |
|---|---|---|---|
| 一斉に食事のテーブルに行かせてしまわずにグループ単位で移動しましょう。 | 不安の強い子どもには、定位置を決めてあげましょう。 | 座る場所に、お気に入りのマークをつけてみましょう。 | 空いている場所を複数示して、自分で選んで座る機会もつくります。 |

## ◆まず落ち着いた雰囲気をつくる

園での食事は、準備から片づけまで一連の流れがある活動です。

食事の準備のときには、保育者も机を拭いたり配膳したりと動き回るので、保育室全体がざわついた空気になりがちです。落ち着いた雰囲気でスムーズに準備が整えられるように、**保育者だけでなく子どもの動線も考えて**みましょう。

## ◆食べるスピードを考慮する

食べる時間は、子どもによって差が大きく、早く食べた子どもは静かに待ち、遅い子どもは食べることに集中する必要があります。

そこで、最初から食べる早さに応じて、グループ分けしておいたり、**食べる場所と遊ぶ場所の境界をはっきりさせたりする工夫が必**要です。

## C じっと座っていることができない

食事の準備の時間にじっとしていられない子どもの場合、無理やり座らせようとせず、配膳を手伝ってもらうなど、動くことが認められるようにするのも一つの方法です。

| Step1 | Step2 | Step3 | Step4 |
|---|---|---|---|
| 座る時間が短くてすむよう、最後に席に着くグループにしましょう。 | 子どもの動線を考え、ぶつかったり混雑したりしないようにしましょう。 | 配膳を待っている間に手遊びなどをしましょう。 | 目をつぶりBGMを聞くのも「待つ」時間を意識する方法です。 |

## D 食事よりもほかのことに興味が移りやすい

友達とのおしゃべりや遊びに注意がそれてしまうと、いすに座っていないといけない食事の時間が余計に長くなってしまいます。30分以内に食べ終えることを目標にしましょう。

| Step1 | Step2 | Step3 | Step4 |
|---|---|---|---|
| 同じテーブルに座る友達の配置や座る人数に配慮しましょう。 | 食事の場所と食べ終わった子が遊ぶコーナーを分け、それぞれが見えないようにします。 | 食事の量を時間内で食べられるように調整しましょう。 | 「食事中」「遊び中」を示すことができるカードを使って、切り替えを意識させます。 |

# トイレに行きたがらない

気になる ポイントチャート

トイレに
行きたがらない
→ トイレを使った
経験がない、
または
恐怖感がある
→ おしっこや
便がたまった
感覚が
わかりにくい
→ おむつの中で
するという
こだわりがある
→ トイレに
行くことより
遊びが
優先される

→ YES　→ NO

**A** へ　　**B** へ　　**C** へ　　**D** へ

## **A** トイレを使った経験がない、または恐怖感がある

トイレで排泄をする経験のないまま入園する子どもは、トイレでの手順や器具の扱いに慣れていません。実際にトイレを見に行ったり、関連した絵本を見せたりして、トイレでの排泄をしっかり意識づけましょう。

| Step1 | Step2 | Step3 | Step4 |
|---|---|---|---|
| トイレの使い方の絵本やペープサートを見せて関心を持たせましょう。 | トイレに楽しい装飾をすることはもちろん、換気や採光にも気をつけましょう。 | 着替えはトイレのある場所の近くで行い、トイレに慣れさせましょう。 | 水を流す音を怖がる場合は、防音用の耳あて・耳栓をしたり、予告してから流しましょう。 |

## **B** おしっこや便がたまった感覚がわかりにくい

そわそわして明らかにおしっこに行きたそうにしているのに、「したくない」と言い張る子どもがいます。また、便座に座って足が床に届かないと、下腹部に力を入れにくいため、便意を感じにくいこともあります。

| Step1 | Step2 | Step3 | Step4 |
|---|---|---|---|
| 「おしっこさんが出たいって言ってるよ」とたまった感覚を意識させます。 | おもらししたときには責めずに、「気持ち悪いね」と濡れた感覚への意識をうながします。 | 子ども用便座や足をふんばりやすい踏み台を置いて、安心して使えるようにしましょう。 | 深呼吸やお相撲さんの真似遊びなどで、下腹部に力を入れる感覚を練習します。 |

#### ◆トイレの環境を見直す

トイレは「暗い・くさい・汚い」イメージが強く、子どもにとっては行きたくない場所のひとつです。

特に、保育所や幼稚園のトイレは、家庭のトイレと違うのでとまどう子どもも多いようです。子どもの視点で、トイレ環境を見直しましょう。

#### ◆感覚・運動の発達をチェック

トイレで排泄できない子どもには、食べム

ラも大きく、毎日便通がない子どもも少なくありません。規則正しい食事と生活リズムが基本です。

また、感覚・運動の発達が未熟な子どもの場合、おしっこが出たという感覚に気づきにくかったり、しっかりおなかに力を入れるという筋肉の動きも弱かったりします。

## C おむつの中でするというこだわりがある

「おむつでしか排泄しない」というこだわりがある子どもがいます。楽しい飾りつけをしたトイレを遊ぶ場所だと思っていることもあるので、排泄のための場所であることを意識させていきましょう。

| Step1 | Step2 | Step3 | Step4 |
|---|---|---|---|
| トイレに連れていって、おむつの処理の様子を見せましょう。 | レバーを引いて水を流す、手を洗うなど部分的な所から始めましょう。 | トイレに友達が行くのを見せたり、順番にならんで便座に座ったりして慣れましょう。 | 「おむつは赤ちゃん。○歳になったらトイレでします」と子どもと約束します。 |

## D トイレに行くことより遊びが優先される

トイレに行きかけて、面白そうな友達の遊びにつられてしまい、気がつくと間に合わずに失敗してしまうという場合や、トイレまで行っても友達の勢いに押されて、排泄しないままもどってきてしまう場合もあります。

| Step1 | Step2 | Step3 | Step4 |
|---|---|---|---|
| 活動中に移動する子どもの動線に、トイレへ行くことを組み込みましょう。 | 同じ遊びをしているグループで一緒にトイレに行くようにうながしましょう。 | トイレに行っている間、その子どもの遊びは終わりにせず保留状態にしておきましょう。 | 「ちょっとトイレ」と遊びの途中でもトイレに行けたときはほめましょう。 |

# 着替えに時間がかかる

気になる ポイントチャート

着替えに
時間がかかる → 時間内に
着替えるという
意識がない →
ほかに気を
取られている →
手先が
不器用でうまく
着替えられない →
触覚の
過敏性がある

→ YES → NO

A へ　B へ　C へ　D へ

## A 時間内に着替えるという意識がない

集団のペースに合わせるという意識が低い子どもがいます。周りの様子に注目させたり、道具を上手に使ったりして一定時間で着替え終われるように援助しましょう。

| Step1 | Step2 | Step3 | Step4 |
|---|---|---|---|
| 着替えの前後を含んだ活動の流れを図示して、次の活動を意識させましょう。 | 砂時計やタイマーなどを使って、着替え終わる時間を意識させましょう。 | 周りの子どもの行動を意識させて、同じくらいのペースで活動できるよう声かけしましょう。 | 時計がある部屋では「針が3になるまでに着替えましょう」といった声かけをしましょう。 |

## B ほかに気を取られている

着替えの最中におしゃべりに夢中になったり、窓から外を見たりしてしまう子には注意がそれないような工夫が必要です。また、行動をやりとげた後のお楽しみを用意しておくのも効果があります。

| Step1 | Step2 | Step3 | Step4 |
|---|---|---|---|
| 環境を整えて、気が散らないようにサポートしましょう。 | 着替える手順を決めて、行動の見通しを持たせましょう。 | 注意がそれそうになったら、こまめに声かけをしましょう。 | 着替え終わったら表にシールを貼るなどの目標を持たせましょう。 |

### ◆着替えに意識を集中させる

　発達に偏りを持つ子どもの中には、注意があちこちにそれやすい子どもや、集団のペースを気にせずマイペースで行動する子どもが少なからずいます。

　時間の意識づけには残り時間をイメージできるような工夫が必要です。砂時計などで視覚に訴えるのもよいですし、聴覚的にタイマーを使うのもよいでしょう。残り時間をはっきりと意識させるにはカウントダウンの音声が出るタイマーや保育者が「あと○つ数えるまでに着替えてね」などの声かけをするのも効果的です。

### ◆不器用さや感覚過敏への対応

　裏返しになった衣類をもどせなかったり、ボタンがうまく留められなかったり、子どもにとって着替えはむずかしい行為です。着脱の手順を日頃から練習しておくとよいでしょう。感覚過敏＊がある子どもの場合は、その不快感を理解して、共感することが大切です。

## C 手先が不器用でうまく着替えられない

手先の細かい動作がうまくいかないために時間がかかっているのかもしれません。子どもの手で扱いやすいデザインの服を持ってきてもらうよう保護者に頼んだり、着替える手順やコツを具体的に示しましょう。

| Step1 | Step2 | Step3 | Step4 |
|---|---|---|---|
| ボタンがきつくないか、着脱しにくいデザインの服ではないか点検しましょう。 | ボタンやファスナーなど、手先を使う動作を日頃から練習しましょう。 | 子どもの自己流にまかせず、ボタンなどの扱い方のコツを具体的に伝えておきましょう。 | 裏返しにならない着替え方、たたみ方のコツもモデルを示しながら伝えましょう。 |

## D 触覚の過敏性がある

着替えの前後では服の素材やフィット感などが変わり、肌触りに変化が生じます。触覚に過敏性がある子どもは、その切り替えがうまくいかないために着替えをいやがることがあります。

| Step1 | Step2 | Step3 | Step4 |
|---|---|---|---|
| 服の素材やゴムのきつさなどが、子どもにとっていやな刺激になっていないか点検します。 | そでの長さや服の温もりの変化にも敏感な子どもがいるので配慮しましょう。 | 日頃、触覚を使った遊びを取り入れて、いろいろな肌触りを経験しておきましょう。 | 触覚のこだわりが強いときは着替えを無理強いしないことも一つの方法です。 |

# お昼寝をいやがる

気になる ポイントチャート

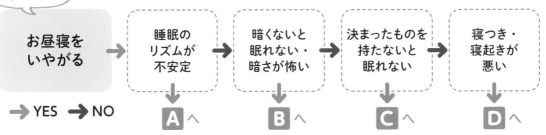

| お昼寝を いやがる | → | 睡眠の リズムが 不安定 | → | 暗くないと 眠れない・ 暗さが怖い | → | 決まったものを 持たないと 眠れない | → | 寝つき・ 寝起きが 悪い |

→ YES　➡ NO

A へ　　B へ　　C へ　　D へ

## A 睡眠のリズムが不安定

発達障害の子どもの睡眠リズムは安定しにくく、家庭でも困っている場合が多いものです。規則正しい睡眠リズムが整うように、保護者と協力して気長に取り組みましょう。

| Step1 | Step2 | Step3 | Step4 |
|---|---|---|---|
| どうしても眠れない場合は、無理強いせずに静かに過ごさせましょう。 | 日中の外遊びを多くして、体をしっかり動かす機会をつくりましょう。 | 眠りにつく時間より起こす時間を調整し、リズムを整えましょう。 | 感覚過敏＊があり眠りが浅い子どもは、眠る場所を配慮しましょう。 |

## B 暗くないと眠れない・暗さが怖い

暗くないと騒いでしまう、暗いと怖がって泣くなど、発達障害の子どもは、明るさにも感覚過敏＊やこだわりがあり、慣れにくいことがあります。

| Step1 | Step2 | Step3 | Step4 |
|---|---|---|---|
| 暗い部屋と明るめの部屋を用意し、子どもに選ばせてみましょう。 | 仕切りを使って刺激をさえぎったコーナーをつくってみましょう。 | 信頼できる保育者に添い寝してもらい、苦手な暗さにも挑戦しましょう。 | 好きな友達ができたら、隣同士にして寝かせてみましょう。 |

## ◆睡眠のリズムが安定しない

　お昼寝しないのに夜も遅くまで起きている、週のうち何日かだけはよく寝るなど、子どもの睡眠リズムはさまざまです。発達障害の子どもでは、睡眠リズムが安定しにくい傾向があります。

　保護者ともよく話し合い、家庭の事情も考えたうえで、その子どもが安定した生活リズムで過ごせるよう、睡眠の時間帯を少しずつ整えていきましょう。

## ◆くせをつかんで落ち着かせる

　お昼寝の前は、心がゆったり落ち着くような絵本の読み聞かせや手遊びをすることを継続しましょう。

　何かを持っていないと眠れない子ども、寝つくまでごそごそ身体が動いている子どもなど、それぞれのくせをつかんで、どの子どもも眠りやすい状況をつくってあげましょう。

---

## C 決まったものを持たないと眠れない

子どもがいつも寝るときに持っている「もの」はないか、保護者に聞いてみましょう。お昼寝に慣れるまでの間は、「もの」を持ち込むことも、園の対応として話し合っておきます。

| Step1 | Step2 | Step3 | Step4 |
|---|---|---|---|
| 子どもが落ち着く「もの」を家庭から持ってくることを認めましょう。 | 眠りにつくまでその「もの」を持っていることを認めてあげましょう。 | お昼寝の前に一度触ったら、その「もの」をカバンにしまわせましょう。 | 「持ってこなくても大丈夫」と言えたら子どもをほめ、自信を持たせましょう。 |

---

## D 寝つき・寝起きが悪い

時間的な制約の多いお昼寝は、子どもにとっては負担の大きいものです。どのような状況がその子にとって快適かを把握することから始めましょう。また、お昼寝の後の楽しみをぜひ用意しておきましょう。

| Step1 | Step2 | Step3 | Step4 |
|---|---|---|---|
| 音量を下げて静かな音楽を流してみましょう。 | 少し厚めのふとんをかけて圧刺激をあたえてみましょう。 | ふとんの上ではなく、着替えコーナーで着替えて気持ちを切り替えやすくしましょう。 | お昼寝前に、3時のおやつや午後の活動内容を予告しましょう。 |

# 交通ルールが守れない

気になる ポイントチャート

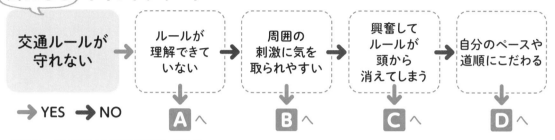

交通ルールが守れない → ルールが理解できていない → 周囲の刺激に気を取られやすい → 興奮してルールが頭から消えてしまう → 自分のペースや道順にこだわる

→ YES　→ NO

A へ　　B へ　　C へ　　D へ

## A ルールが理解できていない

事前にいつも通る道の危険な場所を確認して写真を撮っておきましょう。そして、コースのシミュレーションをして、子どもにその場所でのルールを確認させてから出かけるようにしましょう。

| Step1 | Step2 | Step3 | Step4 |
|---|---|---|---|
| 「道路から飛び出す、飛び出さない」など一つのルールごとに、○×クイズにしてみましょう。 | 「赤信号は?」「渡りません!」など掛け合いでルールを覚えましょう。 | 信号渡りごっこのように、ルールを覚える遊びをしてみましょう。 | 出かける前に、どこが危険かを写真で子どもに確認してもらいます。 |

## B 周囲の刺激に気を取られやすい

注意力に課題のある発達障害の子どもは、刺激の多い園外の状況に、ボーッとしてしまったり、逆に目移りしたりしてしまいがちです。そのようなときには、しかるのではなく、子どもの行動を予測して対応しましょう。

| Step1 | Step2 | Step3 | Step4 |
|---|---|---|---|
| その子の動きにつられない友達をペアにしましょう。 | 手をぎゅっと握ったり、見るべき方向を示したりして感覚への刺激を統制しましょう。 | 目を奪われそうなものは、保育者が盾になって視界からさえぎりましょう。 | 行く先での目的を伝え、気持ちがそこに集中するように仕向けましょう。 |

◆**何よりもまず危険回避**

　危険回避のための交通のルールは、発達障害の子どもでもぜったいに守らないといけません。社会生活の決まりとして、歩道から車道に飛び出さない、信号を守るなどは例外をつくらず、きちんと守らせましょう。

◆**ルールに優先順位をつける**

　友達と手をつなぐ、帽子をかぶる、順番を守るなどのルールは、発達障害の子どもの特性に応じて、安全が確保できる範囲で枠組み

をゆるめてもよいルールです。何もかも守らせるのではなく、優先順位を決めましょう。

　ルールの優先順を決めたら、保育者によって対応がちぐはぐにならないことが鉄則です。「走らないで」「ちゃんと列を守って」など否定的であいまいな言葉がけはＮＧです。

## **C** 興奮してルールが頭から消えてしまう

衝動性の強い子どもは、テンションが上がりすぎると、だれの声も耳に入らず、一人で勝手に動き出してしまうことがあるので注意しましょう。

| Step1 | Step2 | Step3 | Step4 |
|---|---|---|---|
| とっさの行動に対応できるような距離に、保育者がつくようにします。 | ルールの掛け合いを、唱えながら歩きましょう。(100ページ **A** Step2参照) | ルールが守れているときは、しっかりほめ言葉をかけてあげましょう。 | 興奮してきたら、安全な場所でお茶を飲んだり深呼吸したりしてクールダウン＊しましょう。 |

## **D** 自分のペースや道順にこだわる

事前に目的地までの道順を作成した絵地図などで確認し、子どもが一度納得したコースは、基本的に変更しないように気をつけましょう。

| Step1 | Step2 | Step3 | Step4 |
|---|---|---|---|
| 事前にコースをシミュレーションし、見通しを持たせましょう。 | 「ここから、信号までは30で行くよ」など歩数を指示して、ペースをそろえましょう。 | 「AちゃんとBちゃんの間だよ」などと具体的にいるべき位置を示しましょう。 | 行程表を持たせて、要所要所でごほうびシールを貼ってモチベーションを保たせましょう。 |

# 特定の遊びばかりしている

気になる ポイントチャート

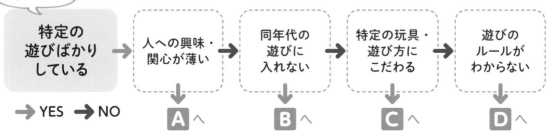

| 特定の<br>遊びばかり<br>している | → | 人への興味・<br>関心が薄い | → | 同年代の<br>遊びに<br>入れない | → | 特定の玩具・<br>遊び方に<br>こだわる | → | 遊びの<br>ルールが<br>わからない |
|---|---|---|---|---|---|---|---|---|
| | | ↓ | | ↓ | | ↓ | | ↓ |
| | | **A** へ | | **B** へ | | **C** へ | | **D** へ |

→ YES → NO

## A 人への興味・関心が薄い

自分の感覚を刺激する遊びに夢中だったり、友達の遊びに関心を示さなかったりする子どもがいます。無理にその遊びをやめさせたり、強引にほかの子どもたちの遊びに入れようとせず、保育者が寄り添って関心が持てる遊びを見つけましょう。

| Step1 | Step2 | Step3 | Step4 |
|---|---|---|---|
| 無理にやめさせず、子どものしている遊びを見守りましょう。 | 保育者が横で同じ遊びをして見せ、他者への関心をうながしましょう。 | 同じ場で少し違う遊び方をして真似をうながしましょう。 | 保育者と一緒に遊べるようになったら、そこに友達を誘いましょう。 |

## B 同年代の遊びに入れない

ほかの遊びに関心がないのではなく、まだ同年代の子どもの遊びの面白さがわからないのかもしれません。いろいろな段階の遊びが経験できる機会を用意して、遊びの楽しさを知らせましょう。

| Step1 | Step2 | Step3 | Step4 |
|---|---|---|---|
| 保育者と一緒に、楽しめる段階の遊びから始めてみましょう。 | 同じ段階の遊びを楽しめる子どもたちと、一緒に遊びましょう。 | 同年代の遊びには、保育者も一緒に入って手本を示します。 | 決まった役割やルールで、繰り返し遊びを楽しみましょう。 |

◆**遊びには発達段階がある**

　子どもの遊びには発達段階があります。「一人遊び」の段階は、手に玩具を持って遊ぶなど自己感覚＊を楽しむ段階。次に、ほかの子のそばで遊ぶ「平行遊び」、ほかの子とやりとりのある「対面遊び」、そして道具を共有したり、ルールや役割を決めて遊ぶ「グループ遊び」や「ごっこ遊び」へと発達していきます。

　今、子どもがどの段階にいるのかを見極め

ることが大切です。

◆**興味や関心の幅がせまい**

　自閉症スペクトラム障害＊の子どもは、興味や関心の幅がせまく、ともに遊んで楽しいという経験が少なかったり、遊びらしい遊びを知らなかったりするために、同じ遊びを繰り返してしまうことがあります。また、聴覚過敏＊などがあると、大勢の子どもの声が不快で、必然的に一人遊びになってしまうことが多くなります。

---

## C 特定の玩具・遊び方にこだわる

特定の玩具を使うことにこだわって、遊び方がパターン化してしまう場合があります。同じ玩具でも違った遊び方の手本を見せるなど、遊びのバリエーションを理解しやすいよう工夫しましょう。

| Step1 | Step2 | Step3 | Step4 |
|---|---|---|---|
| いつもの遊び場に新しい遊びのコーナーを一つ用意しましょう。 | 保育者や友達がモデルになって新しい遊びをしてみましょう。 | 関心を持ち始めた所から、一緒に遊びましょう。 | 自発的に新しい遊びを始めたときには、ほめましょう。 |

---

## D 遊びのルールがわからない

ルールがわからないのは、言語理解につまずきがあるからかもしれません。また、ルールを覚えておく記憶力の弱さが原因となることもあります。遊び以外の日常生活の様子も観察してみましょう。

| Step1 | Step2 | Step3 | Step4 |
|---|---|---|---|
| ルールを視覚化（絵にする）したものと言葉の両方で説明しましょう。 | いつでもルールが確認できるように見える所にルールを示した絵を置きましょう。 | 決まったルールで、繰り返し遊びが経験できる機会を持ちましょう。 | 子ども同士でのルールの変更がないか、ていねいに確認しましょう。 |

# 集中し過ぎて遊びが終わらない

気になる ポイントチャート

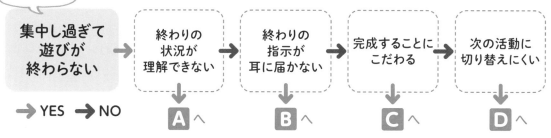

| 集中し過ぎて遊びが終わらない | → | 終わりの状況が理解できない | → | 終わりの指示が耳に届かない | → | 完成することにこだわる | → | 次の活動に切り替えにくい |

→ YES → NO

**A**へ **B**へ **C**へ **D**へ

---

## A 終わりの状況が理解できない

マイペースで、周りの雰囲気を察することがむずかしい子どもは、「終わり」を告げられることが降ってわいたように突然な出来事と感じるので、混乱しやすくなります。

| **Step1** | **Step2** | **Step3** | **Step4** |
|---|---|---|---|
| 遊びの「終わりの時間」を事前に知らせておきましょう。 | 「時計を見て」など、子ども自身に心の準備をさせましょう。 | 遊びの切れ目を見計らって個別に声をかけましょう。 | 自分でスムーズに終われた日は、カレンダーなどに印をつけて自信につなげましょう。 |

---

## B 終わりの指示が耳に届かない

何かに没頭し始めると、聴力に問題がなくても、周囲の音を遮断してしまい、ほかの音への注意が向きにくい状態になることがあります。

| **Step1** | **Step2** | **Step3** | **Step4** |
|---|---|---|---|
| 終わりの時間を、事前に見やすい場所に掲示しておきましょう。 | 終わりの時間が近づいたら、肩をたたくなどの合図で知らせましょう。 | 残り時間がわかる視覚的なタイマー★を活用しましょう。 | 終わりの時間を意識して動いているときには、ほめましょう。 |

## ◆発達障害特有のこだわりがある

気に入った遊びや活動に没頭していると、それを中断することがむずかしい子どもがいます。自分では切り替えがむずかしいので、保育者が切り替えるタイミングを見計らって、次の指示を出すことで切り替えをうながすことが大切です。

一方的に中断させてしまうと、不安な気持ちを感じて、落ち着かなくなるだけでなく、余計に切り替えを躊躇してしまい、それが遊びにこだわる行動として表れてしまうかもしれません。

## ◆見通しが持てない不安

今までの経験から推測して見通しを持つということが苦手な子どもは、急な予定の変更で不安になったり、混乱したりすることがあります。

今している遊びの次に何が待っているのか、見通しを持たせることが大切です。

---

## C 完成することにこだわる

もうすこし

できあがりを楽しみにしながら遊んでいる子どもにとって、中断させられるほど、悔しいことはないでしょう。その気持ちには共感し、次にできる日を予告し、つくりかけの作品は大切に保管しましょう。

| Step1 | Step2 | Step3 | Step4 |
|---|---|---|---|
| 子どもが完成させられる時間を予想した時間配分を設定しましょう。 | どこまでを一区切りとするかを子どもと一緒に決めましょう。 | 続きの作業ができる時間や日を示し、決めた約束は守りましょう。 | 「○ちゃんのつくりかけ作品」などと、ほかの子どもにもわかるようにしておきます。 |

---

## D 次の活動に切り替えにくい

この遊びの後に何が始まるのかという見通しが持てるようにし、「やめなさい」ではなく「次の活動を始めるよ」と前向きな誘導をすることがポイントです。

| Step1 | Step2 | Step3 | Step4 |
|---|---|---|---|
| 一日の予定を視覚化★しておきましょう。 | 遊びを始める前に次の活動を確認しましょう。 | 遊びの終わる時間が近づいたら、次の活動を伝えるようにしましょう。 | 自発的に次の活動に切り替えられたら、十分にほめてあげましょう。 |

# 運動遊びが苦手

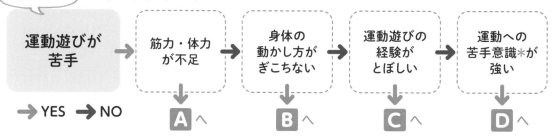

気になる ポイントチャート

| 運動遊びが苦手 | → | 筋力・体力が不足 | → | 身体の動かし方がぎこちない | → | 運動遊びの経験がとぼしい | → | 運動への苦手意識*が強い |

→ YES → NO

A へ　B へ　C へ　D へ

---

## A 筋力・体力が不足

いすに座っていても姿勢が崩れてしまうような子どもは、全身の筋緊張、特に背筋力が弱く、集中も続きにくい傾向があります。運動しても疲れやすく、すぐにエネルギーが切れてしまいます。

| Step1 | Step2 | Step3 | Step4 |
|---|---|---|---|
| 運動だけでなく、生活の中で身体を動かす活動を増やしましょう。 | 鬼ごっこのように手軽に取り組める遊びを工夫しましょう。 | 荷物を持ったり綱引きをしたり、ふんばる動きを取り入れましょう。 | 「いつまでがんばるか」がわかるように「終わり」を明確に示しましょう。 |

---

## B 身体の動かし方がぎこちない

3歳くらいでできる「両足跳び」のように、「足をそろえる」と「跳ぶ」という2つのことを同時にするというような運動企画*の力が弱い子どもは、なわとびや竹馬はもちろん、体操も苦手です。

| Step1 | Step2 | Step3 | Step4 |
|---|---|---|---|
| 転がりやハイハイなど赤ちゃんの運動からスタート。 | マットや平均台などでバリエーションをつけた歩き方ができる道をつくって挑戦します。 | なわとびのような複雑な動きは、「跳ぶ」だけ、「回すだけ」と一つの動作ごとに練習を。 | 身体をスムーズに動かせるように毎日運動を繰り返しましょう。 |

#### ◆協調運動がうまくいかない

発達障害の子どもの多くが粗大運動＊における身体の各部の協調性に課題を抱えています。一生懸命にやっているのにうまくいかなかったり、**身体イメージ＊がうまく描けない**ことで、**必要な筋肉の緊張が保てずぐにゃぐにゃになったり、疲れやすかったりします。**保育者が、「やる気がない」とか「ふざけている」と決めつけ、注意ばかりすると、余計に意欲も低下してしまいます。

#### ◆失敗した経験が意欲を妨げる

運動は、目に見える分「できる」「できない」がはっきりとわかりやすいものです。友達に「どうしてできないの」と言われたり、失敗したときに笑われたりした経験が積み重なることで、強い苦手意識や劣等感を持ってしまうことがあります。「どうせできない」と思い込んでしまうと、チャレンジしようとする意欲もわかないので、**成功体験を積ませる工夫が大切です。**

## C 運動遊びの経験がとぼしい

家庭では身体を動かさないでできる遊びが中心になりがちで、運動遊びの経験が少ないかもしれません。園では、ぜひ身体を動かして遊ぶことの楽しさを感じられる経験を重ねましょう。

| Step1 | Step2 | Step3 | Step4 |
|---|---|---|---|
| 「見ているだけでOK」からスタートしましょう。 | 子どもが「これならできるかも」と思っていそうな遊びから始めましょう。 | 「やってみたら楽しかった」と思える体験を大切に。 | 怖がらせたり失敗したりしないようスモールステップ＊で取り組みましょう。 |

## D 運動への苦手意識が強い

子どもが「できないからやりたくない」と思っている場合、「鉄棒」や「なわとび」など運動能力の個人差がはっきりするものは避け、だれもが楽しめる遊びを重点的に取り入れていきましょう。

| Step1 | Step2 | Step3 | Step4 |
|---|---|---|---|
| かくれんぼや鬼ごっこなど、だれもが楽しめる遊びをしましょう。 | 苦手な動きは、保育者と一緒に個別に取り組みましょう。 | 結果よりも練習のプロセス、「一生懸命している」ことをほめましょう。 | 練習すればできたという実感が持てる経験を大切にしましょう。 |

# 絵や工作に興味が持てない

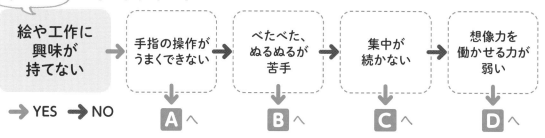

気になる ポイントチャート

| 絵や工作に興味が持てない | → | 手指の操作がうまくできない | → | べたべた、ぬるぬるが苦手 | → | 集中が続かない | → | 想像力を働かせる力が弱い |

→ YES → NO

A へ　B へ　C へ　D へ

---

## A 手指の操作がうまくできない

クレヨンがしっかり握れず筆圧が弱い、ハサミなどの扱い方がぎこちないなど、子どものつまずきの要因を保育者が特定し、それに合った練習をしていくことがポイントです。

| Step1 | Step2 | Step3 | Step4 |
|---|---|---|---|
| にぎるクレヨン★、ばねバサミ★など子どもが扱いやすい用具をそろえましょう。 | 紙吹雪づくりや塗りたくりなど、用具を使う楽しさを味わいましょう。 | 落書きやローラー遊びなどラフな造形遊びを楽しみましょう。 | 紙の切り始めに誘導線をつけるなど、キレイにできる援助の工夫をしてみましょう。 |

---

## B べたべた、ぬるぬるが苦手

手にものがつくのをいやがったり不安に感じたりしてしまうので、子どもの受け入れられる範囲を保育者が見極めることが重要です。

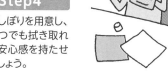

| Step1 | Step2 | Step3 | Step4 |
|---|---|---|---|
| いやがっているときは無理強いせず、遊びの様子を見せましょう。 | ゴム手袋などを用意し、直接触れずに楽しめる工夫をしましょう。 | 小麦粉ねんどや色砂などの違和感が少ない感触のものから始めてみましょう。 | おしぼりを用意し、いつでも拭き取れる安心感を持たせましょう。 |

### ◆思い通りに手先が動かない

　手指の細かい動きがスムーズにいかない微細運動＊の発達の遅れがある子の場合は、頭の中ではわかっていても、思っている通りにうまく絵や工作ができないので、いやになってしまうのです。

　また、感覚過敏＊がある子どもは、のりのべたべたや絵の具のぬるぬるした感触をいやがる場合があります。

### ◆集中力・理解力・想像力の弱さ

　注意の持続がむずかしかったり、「何をかく（つくる）か」を聞きのがしたり、聞いただけでは理解できなかったりすることもあります。

　反対に、かきたい、つくりたいイメージにこだわり過ぎるあまり、本物そっくりでないことに満足できず、かいたりつくったりすることを大人にさせようとする子どももいます。

## C 集中が続かない

ほかの子どもの作品が気になったり、周囲の遊びに関心が移ってしまったりすると、作品がなかなか仕上げられません。準備や始末も忘れがちなので、用具をなくさない工夫も必要です。

| Step1 | Step2 | Step3 | Step4 |
|---|---|---|---|
| 個別のコーナーをつくるなど、集中しやすい場所を用意しましょう。 | 必要な用具を順番にかごに入れていくなどの動線も考えましょう。 | 「ここまでする」という目標を子どもと決めましょう。 | 自分で決めた所までできたらOKとし、がんばりを認めましょう。 |

## D 想像力を働かせる力が弱い

「自由にかいていい」と言われると、何をかいたらいいのか思いつかない子どもがいます。かきたい気持ちはあっても形が思い浮かばないのです。まず、決まった完成形に向かってつくる体験をさせて、つくる楽しさを味わうことから始めます。

すきなものをかいて！

| Step1 | Step2 | Step3 | Step4 |
|---|---|---|---|
| 「こんなものをつくろう」とできあがりを見せてイメージさせましょう。 | 折り紙のように、工程がはっきりしている方がやりやすいでしょう。 | 製作過程を、紙芝居のように一つの工程ずつ絵で示しましょう。 | 絵かき歌のように、歌の順番通りに進めるとできあがるのもよいでしょう。 |

# 歌や手遊びが苦手

気になる ポイントチャート

| 歌や手遊びが苦手 | → | 興味・関心が活動に向かない | → | 感覚過敏＊がある | → | 音程が取れない・手先が不器用 | → | 他者や活動のペースに合わせることが苦手 |
|---|---|---|---|---|---|---|---|---|

→ YES → NO

A へ　　B へ　　C へ　　D へ

## A 興味・関心が活動に向かない

保育者と1対1のやりとりを経て、少しずつ集団の活動に意識が向くようにしましょう。

**Step1**
一人の場でも集団の場でも同じように興味がないのか把握しましょう。

**Step2**
保育者と1対1の場面で、手をつないだり声を合わせるような活動をしてみましょう。

**Step3**
保育者と1対1の場面で、やりとりを含む歌や手遊びを取り入れてみましょう。

**Step4**
子どもが好む手遊びを、小グループから始めて集団の中で行いましょう。

## B 感覚過敏がある

感覚過敏のために歌や手遊びの活動が苦手なのかもしれません。子どもが負担とする刺激（音や触られる感覚など）をなるべく軽減することが大切です。

**Step1**
集団の歌声の音量をうるさがっていないか、他者に触れたり触れられたりすることをいやがっていないか確かめます。

**Step2**
聴覚過敏＊があるようなら、座席の配置や歌声の大きさに配慮して負担を減らします。

**Step3**
触覚過敏＊があるようなら、他者との身体の接触がない手遊びを工夫しましょう。

### ◆無理強いせず楽しさを伝える

　歌や手遊びに興味があっても、上手にできないことで参加をしぶることがあります。音程が取れない背景には、メロディという音の塊を頭の中でたどっていくための記憶の弱さなどがあるかもしれません。無理強いせず、できる部分から参加するようにし、歌や手遊びの楽しみを経験できるようにします。

### ◆保育者が調整役になる

　他者への関心が薄かったり、他者のペースに自分を合わせていくことが苦手な子どもは、集団活動の中での歌や手遊びを楽しむことがむずかしいかもしれません。保育者が調整しながら1対1で歌や手遊びを行うことが他者への関心や集団のペースに合わせる意識を育てることにつながります。

## C 音程が取れない・手先が不器用

歌や手遊びに関心があっても、うまくできないためにやりたがらないことがあります。参加できる部分をとらえて、子どもが楽しめるように工夫しましょう。

| Step1 | Step2 |
|---|---|
| 音程が取れない場合、ジェスチャーを交えながら体全体で歌を表現して楽しみます。 | 『おもちゃのチャチャチャ』の「チャチャチャ」の部分など、合いの手の部分を中心に参加するようにします。 |

| Step1 | Step2 | Step3 |
|---|---|---|
| 手先が不器用な場合、大まかな動き、左右が同じ動きのものから取り組んでみましょう。 | 子どもに対面する位置で、ゆっくり手本を示しながら手遊びに取り組ませましょう。 | 動作を言語化しながら示しましょう。（「トントンして」「引っぱって」など） |

## D 他者や活動のペースに合わせることが苦手

自分のペースなら歌や手遊びを楽しめても、クラス全体や楽器の伴奏に合わせることだと苦手な子どもがいます。部分的な参加からでも歌や手遊びの楽しさを伝えましょう。

| Step1 | Step2 | Step3 | Step4 |
|---|---|---|---|
| 子どもに活動をじっくりと見せたり聞かせたりします。 | サビの部分だけ、手拍子やカスタネットなどでタイミングを合わせてみます。 | 保育者と1対1でできる手遊びを使ってタイミングを取る練習をしましょう。 | 子どもが合わせやすいメロディやスピードを工夫して、活動に取り入れてみましょう。 |

# 読み聞かせや紙芝居に関心がない

気になる ポイントチャート

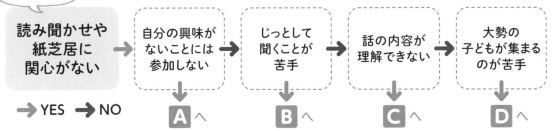

| 読み聞かせや紙芝居に関心がない | → | 自分の興味がないことには参加しない | → | じっとして聞くことが苦手 | → | 話の内容が理解できない | → | 大勢の子どもが集まるのが苦手 |

→ YES → NO

A へ　　B へ　　C へ　　D へ

## A 自分の興味がないことには参加しない

興味や関心の範囲がせまい子どもの場合は、活動に参加させることを無理強いするよりも、まず興味を広げていく工夫をしましょう。

| Step1 | Step2 | Step3 | Step4 |
|---|---|---|---|
| 好きな絵本や図鑑をそっと一緒に見ましょう。 | 絵本を選んでもらい、一緒に読みましょう。 | 選んでもらった絵本を、クラスみんなの前で読みましょう。 | 友達が選んだ絵本を読んだ後、その子どもの好きな絵本を読みましょう。 |

## B じっとして聞くことが苦手

勝手なおしゃべりはほかの子どもたちのじゃまになるので、「よいしょ!」など絵本のセリフを一緒に言ったり、動けるような場所を確保したりするなどの工夫をするとよいでしょう。

| Step1 | Step2 | Step3 | Step4 |
|---|---|---|---|
| 動いてもほかの子どもの迷惑にならない場所に座らせましょう。 | 注意を引きやすいパネルシアターなどから始めましょう。 | 簡単な内容の絵本を選び、セリフを言うなどの参加型にしましょう。 | 内容が理解できていたら、「ちゃんと聞けたね」とほめましょう。 |

◆多動があることが原因かも

　座っていても身体のどこかを絶えず動かしていたり、立ち歩いてしまったりと、じっとしていることがむずかしい AD/HD の子どもは、「じっとしなさい」と言われると、身体を動かさないことにだけ意識が向くので、話がきちんと理解できないことがあります。

　反対にごそごそしながらもよく聞いている場合があるので、あまり聞くときの態度を注意しないほうがよいでしょう。

◆文と絵の関係がわからない

　今読んでもらっている内容と、絵本の絵がどのようにつながるのかがわからないことがあります。これは、言葉が理解できていない、絵の理解ができていない、状況の理解がむずかしいなど複数の原因が関係していると考えられます。

　最初に、登場人物の絵を指差して名前を確認してから読み始めたりすることで、理解しやすくなります。

## C 話の内容が理解できない

絵本の内容に興味がないのではなく、言語の理解につまずきがあるからかもしれせん。ほかの場面での指示理解の様子や語彙数を、日常の様子からチェックしてみましょう。

| Step1 | Step2 | Step3 | Step4 |
| --- | --- | --- | --- |
| ジェスチャーを添えて、内容の理解を助けましょう。 | しかけ絵本★を使って理解を助けましょう。 | 短く身近な題材のものを選んで読み聞かせてみましょう。 | 読む前に、「お地蔵様はこれ」などと登場するものの説明をしましょう。 |

## D 大勢の子どもが集まるのが苦手

触覚過敏＊があると、ほかの子どもたちの輪の中で床に座って聞くことが苦痛かもしれません。また、聴覚過敏＊がある子どもは、ざわざわした中では、保育者の読む声が耳に入りにくいかもしれません。

| Step1 | Step2 | Step3 | Step4 |
| --- | --- | --- | --- |
| 広い場所を確保し、友達と触れ合わない距離を保ちましょう。 | 安心して座ることができる場所を決め、保育者がそばにつきます。 | 無理させずに、その場を離れることも認めましょう。 | その場を離れるときは「お水飲んだらもどってきてね」などと約束し、できたらほめます。 |

# おもちゃの後片づけができない

気になる ポイントチャート

```
おもちゃの        「おしまい」の      片づける        片づける        片づけから
後片づけが   →    指示に       →    場所が     →    ルールが    →    注意が
できない          気がつかない      わからない      納得できない    それてしまう
```

→ YES → NO

Ａへ　　Ｂへ　　Ｃへ　　Ｄへ

---

## Ａ 「おしまい」の指示に気がつかない

「お片づけ」のクラス全体への指示が、自分も含めて言われているとは理解できなかったり、「まだ十分遊んでない」と切り替えにくかったりする子どもには、個別に早めの声かけが重要です。

| Step1 | Step2 | Step3 | Step4 |
|---|---|---|---|
| 事前に片づけの時間を直接本人に声をかけて、知らせておきましょう。 | 全体に声をかけるとき、保育者に注意を向けているか確かめましょう。 | 気づいていないときは、肩をたたくなど動作で知らせましょう。 | 片づけの予告をしたうえで、全体の声かけで片づけられたらほめましょう。 |

---

## Ｂ 片づける場所がわからない

記憶力の弱い子どもにとっては、片づける場所を覚えておくことはむずかしいので、片づけの場所に目印の写真やマークを貼りましょう。空間の認識も低いので、上下左右を示す言葉も意識して伝えましょう。

| Step1 | Step2 | Step3 | Step4 |
|---|---|---|---|
| しまうものの写真（マーク）を片づける場所に貼っておきましょう。 | しまうものの写真（マーク）を手がかりに保育者と一緒に片づけましょう。 | 「スコップは赤いかご」などと言いながら片づけるのも効果的です。 | 「机の上」など、位置を表す言葉も意識して使いましょう。 |

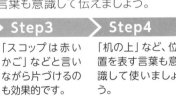

## ◆活動がイメージできない

「みんなで片づけましょう」と全体に声をかけただけでは、「みんな」の中に自分が含まれていることを理解できずに、伝わらない子どもがいます。

また、「片づける」ということが「片づける＝元の状態にもどす」こととイメージできなかったり、元の状態を忘れてしまっていたりします。

## ◆注意の持続が苦手

一斉にたくさんの子どもが動き回る中で、玩具を選択し、片づける場所まで持っていき、所定の場所にもどすという工程は大人が思う以上にむずかしいことかもしれません。玩具の種類、形、用途などを分別する力も必要です。

不注意や多動＊があると、片づけに注意を持続させることがむずかしく、途中で投げ出したり、乱雑にもどしたりしがちです。

第3章 シーン別・保育のポイント 遊び・行事編

# C 片づけるルールが納得できない

せっかく自分が組み立てた作品はそのままにしておきたいという気持ちがある場合、玩具を元通りにもどすというルールが受け入れられず、片づけようとしないのかもしれません。

| Step1 | Step2 | Step3 | Step4 |
|---|---|---|---|
| 作品を展示するコーナーを設定してみましょう。 | 片づけたくない気持ちを理解し、部分的な片づけからうながしましょう。 | 「週末には片づけます」と事前に予告をしておきましょう。 | ルールを受け入れて片づけたら、その姿をほめましょう。 |

# D 片づけから注意がそれてしまう

途中で注意がそれてしまわないような工夫や、「そーっと」とか「サッサ」など擬態語を効果的に使うことで、気持ちを片づけにつなぎましょう。

| Step1 | Step2 | Step3 | Step4 |
|---|---|---|---|
| 砂場の中やままごとコーナーなど、片づけるエリアを決めましょう。 | 注意がそれる前に片づけてしまえる量に調整しましょう。 | 「赤い玉は全部○君」などと伝え、自分で全部片づけた実感が持てるようにしましょう。 | 片づけに注意を向けられる擬態語を意識して使いましょう。 |

115

# 園外での活動に不安を感じる

気になる ポイントチャート

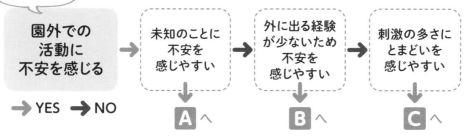

| 園外での活動に不安を感じる | → | 未知のことに不安を感じやすい | → | 外に出る経験が少ないため不安を感じやすい | → | 刺激の多さにとまどいを感じやすい |

→ YES → NO

A へ　　B へ　　C へ

## A 未知のことに不安を感じやすい

未知のことに不安を持ちやすい子どもがいます。ある程度決まったパターンが繰り返される活動の中で、ごくたまにそのパターンが崩されると、その状況を受け入れることが困難になります。

| Step1 | Step2 | Step3 | Step4 |
|---|---|---|---|
| 園外での活動を、写真やイラストなどで具体的に予告しておきましょう。 | 園外で行う活動内容を、なじみのある平易なものにしましょう。 | 最初は園外にいる時間を短時間にし、場所も園からあまり離れない場所に設定します。 | 園外では保育者が付き添い、不安感をやわらげましょう。 |

## B 外に出る経験が少ないため不安を感じやすい

家庭や園の外に出る経験の不足から、活動のイメージがうまく持てずに不安を感じる子どもがいます。イメージを持ちやすいように、写真やイラストなどを使って事前に活動内容を伝えておくとよいでしょう。

| Step1 | Step2 | Step3 | Step4 |
|---|---|---|---|
| 日頃から新しいことに取り組むようにし、経験を広げましょう。 | 活動を行う場所の写真やイラストなどを用意し、具体的なイメージを持てるようにします。 | 事前に活動のシミュレーションを十分に行い、不安を軽くしておきましょう。 | 一緒に行動する友達を決めておくのもよいでしょう。 |

### ◆ パターンが崩れることに弱い

自閉症スペクトラム障害＊が疑われる子どもの特徴に「初めての場所や人に対して強く不安を感じる」というものがあります。これは、自閉症の特徴のひとつである固執性の表れです。

集団保育は、おおよそ一日の流れのパターンが決まっています。同じことの繰り返しに面白みのなさを感じる子どもがいる一方、予測がつくパターンが繰り返される世界に安心感を持つ子どももいるのです。ところが、行事などでそのパターンが崩されてしまうと、安心感がおびやかされ、不安からパニック＊を起こしてしまうこともあります。

「同じ年齢のほかの子どもが楽しめるのだから大丈夫」とか、「外での活動(行事)はどの子どもも好きなはず」と思い込まずに子どもの不安感に寄り添うことが必要です。

### ◆ 刺激の多さにとまどうことも

かぎられた空間でだいたい同じような活動を行う園の中と違い、園の外は刺激に満ちています。空間も広く、いくつもの音が重なり合って聞こえ、子どもによっては大きく混乱してしまいます。

活動を行う園外の場所や行き帰りのルートなどを十分に吟味して、子どもをいたずらに刺激にさらさないように配慮しましょう。

## C 刺激の多さにとまどいを感じやすい

なじみのある園での活動と異なり、園の外は見るもの、聞くものになじみのない刺激が次々と表れます。新しい刺激に注意を引かれて落ち着きがなくなる子もいれば、どうしたらよいかわからず固まってしまう子もいます。このような子どものとまどいを予測しておきましょう。

| Step1 | Step2 | Step3 | Step4 |
|---|---|---|---|
| 日頃から、刺激の多少によって子どもの様子がどう変わるか観察しておきましょう。 | 刺激を軽くするために、歩くときの列の位置やグループのメンバーなどに配慮しましょう。 | 人形・タオルなど好きなものを手に持たせて安心させましょう。 | 必要に応じて、ソフトな耳栓などで外界からの刺激をやわらげるのも一つの方法です。 |

# 園の行事にうまく参加できない

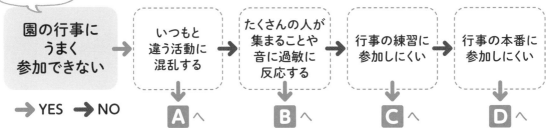

気になる ポイントチャート

園の行事に
うまく
参加できない → いつもと
違う活動に
混乱する → たくさんの人が
集まることや
音に過敏に
反応する → 行事の練習に
参加しにくい → 行事の本番に
参加しにくい

→ YES → NO

A へ　　　B へ　　　C へ　　　D へ

## A　いつもと違う活動に混乱する

活動の見通しが持てなかったり、見慣れない人がたくさんいたりする状況に、子どもは不安で固まったり逆に興奮しすぎたりしてしまいます。

| Step1 | Step2 | Step3 | Step4 |
|---|---|---|---|
| 事前に昨年の様子をビデオで見せるなどして、見通しを持たせましょう。 | 行事のシナリオをつくって、リハーサルしてみましょう。 | 困ることが予想される場合、好きな友達と二人組にするなどの対策を考えましょう。 | 子どもが困ったとき、安心できるように助けてくれる人や避難する場所を用意しましょう。 |

## B　たくさんの人が集まることや音に過敏に反応する

運動会のBGMやピストルの音に耳をふさいだり、パニックになることがあるので要注意です。また、帽子やはちまき、ダンスのポンポンなどの触感が苦手な子どももいます。

| Step1 | Step2 | Step3 | Step4 |
|---|---|---|---|
| 感覚過敏※がある子の場合のコスチュームには配慮しましょう。 | 「みんな同じ」を強要せず、変更できることを職員間で話し合いましょう。 | 慣れない音がする前に知らせ、耳栓をつけるなど音を軽減しましょう。 | 苦痛に感じているときは、その場から離れることを認めましょう。 |

## ◆予定外の活動が混乱をまねく

　自閉症スペクトラム障害＊の傾向を持つ子どもは、予定外の活動が入ると、見通しが立てられなくなり、いつもと違う場面への対応の方法がわからず混乱し、不安が強くなります。

　AD/HD の子どもは、いつもと違う見慣れないものが魅力的で気が散ってしまいます。パニック＊になることもあらかじめ考えておき冷静に対応しましょう。

## ◆保護者との協力が大切

　子どもが行事に参加できるかできないかは、保護者にとっては大変心配なことです。また行事当日、子どもはいつもと違う人（祖父母や友達の家族）がいるのも気になります。

　事前に子どもに合わせた参加の仕方や、そのために家庭で協力してもらえることを相談しましょう。また、練習で子どものよかったところを伝え、家庭でほめてもらうことは、子どもの自信につながります。

## C 行事の練習に参加しにくい

発達障害の子どもは、みんなと一緒にならんだり同じ技能を求められたりすることは苦手です。また、行事の練習では変更や修正も多いため、混乱しがちであることにも配慮しましょう。

| Step1 | Step2 | Step3 | Step4 |
| --- | --- | --- | --- |
| 練習する内容を、事前に視覚的に示しながら短く説明しましょう。 | グループ替えやスタート位置の変更などがあるときは特にていねいに。 | 子どものいるべき場所が、全体の中のどの位置かわかるよう高い所から見せましょう。 | 休憩や終わりの時間を知らせ、がんばりどころを教えましょう。 |

## D 行事の本番に参加しにくい

本番は保育者も緊張し、いつもの雰囲気や状況と違います。敏感な子どもは、失敗することに不安を持ったり、当日のざわざわした感じが不快で、力が発揮しにくくなります。

| Step1 | Step2 | Step3 | Step4 |
| --- | --- | --- | --- |
| トイレのタイミングなども含まれたスケジュールを貼り出します。 | 困ったら早めに助けを出せる保育者や保護者がそばについていましょう。 | 会場を先に見せ、場の雰囲気や保護者の居場所を知らせましょう。 | 少しでも楽しむことができた経験を覚えておき、次へのステップとしましょう。 |

# いつも一人で遊んでいる

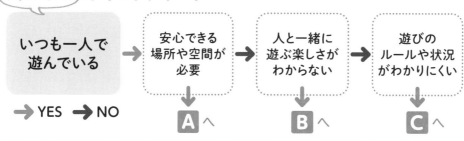

気になる ポイントチャート

| いつも一人で遊んでいる | → | 安心できる場所や空間が必要 | → | 人と一緒に遊ぶ楽しさがわからない | → | 遊びのルールや状況がわかりにくい |

→ YES → NO

A へ　　　B へ　　　C へ

## A 安心できる場所や空間が必要

一人ですべり台の上から遠くを眺めたり、保育室の端でブロックをならべたりしている子どもがいます。大きな音や子ども同士の接触が苦手なのかもしれません。まず、居心地のよい安心できる場所を確保し、そこから友達の存在に気づかせましょう。

| Step1 | Step2 | Step3 | Step4 |
|---|---|---|---|
| 子どもが心を落ち着けられる場所や時間を確保してあげましょう。 | 保育者が寄り添う場合も、積極的な介入は控えましょう。 | 周りの友達の遊びの様子を中継放送のように伝えましょう。 | 周りの友達の様子を保育者に伝えてくるように導きましょう。 |

## B 人と一緒に遊ぶ楽しさがわからない

今までに、友達との関わりを楽しいと感じた経験がとぼしいのかもしれません。真似し真似される楽しさが十分楽しめる活動を工夫しましょう。

| Step1 | Step2 | Step3 | Step4 |
|---|---|---|---|
| 当番などのペア活動で、友達を意識するチャンスをつくりましょう。 | 同じものに興味を持つ友達を少しずつ近づけましょう。 | 「○○君も車が好きだよ」と友達に気づくきっかけをつくりましょう。 | 保育者が間に入って「一緒に車のおもちゃであそぼう!」などとつなぎましょう。 |

### ◆一緒に遊ぶための4つの力

友達と一緒に遊ぶためには、友達の動きのテンポに合わせる運動能力、遊びのルールや状況がわかる理解力、自分の思いや意思を表現する言語力、そして人と一緒にいたいと思う情緒・社会性の育ちが必要です。

発達障害の子どもたちは、この4つの力のアンバランスのためにうまく友達と遊べず、結局一人遊びになってしまいがちです。

### ◆子どもたちの人間関係を見直す

まずは、子ども同士の人間関係を、よく観察することから始めましょう。

発達障害の子どもが「みんなと遊びたい」と思っていても、クラスの子どもの中にうまく遊びに乗ってこない子どもを排除する空気はありませんか。

遊びのメンバーが固定化していないか、いつもの様子も振り返ってみましょう。

## C 遊びのルールや状況がわかりにくい

ままごとなど、状況が流動的に動く遊びでは、遊びのルールが暗黙の了解になるため、求められている役割がわかりにくく、遊びを続けることがむずかしい子どもがいます。

| Step1 | Step2 | Step3 | Step4 |
|---|---|---|---|
| ままごとよりもお店屋さんのように役割のはっきりした遊びを。 | 保育者とペアになり、一緒に一つの役割を演じてみましょう。 | 「どれを買おうか迷っているんだって」などと友達の状況を説明します。 | 見立てる力を補うために「この葉っぱがお皿だよ」などと説明しましょう。 |

## ・・・仲間はずれにされているときには？

「あなたは赤ちゃん」といつも同じ役を押しつけられたり、鬼ばかりさせられたりすると、友達との遊びが面白くなくなり、いじめられるという不安から、関わりを避けようとすることもあります。

| Step1 | Step2 | Step3 | Step4 |
|---|---|---|---|
| 子ども同士のことだからと傍観せずに早期に介入しましょう。 | 仲間はずれになっている子どもを遊びに誘う手本を、保育者が示しましょう。 | 排他的な子どもにも、ほかのグループの遊びに参加する体験をさせます。 | できる役割を果たすことで、友達と対等に遊べたという体験をしましょう。 |

# 玩具を友達と共有できない

気になる ポイントチャート

| 玩具を友達と共有できない | → | 「みんなで使うもの」というルールがわからない | → | ルールを理解していても玩具を独占したい気持ちが強い | → | 自分の世界を壊したくない |

→ YES → NO

A へ　　B へ　　C へ

---

## A 「みんなで使うもの」というルールがわからない

かして

保育者と一緒に遊ぶという体験の中で遊び方（「貸して」「いいよ」など）を伝え、一緒に遊ぶ楽しさが感じられるようにしましょう。

| Step1 | Step2 | Step3 | Step4 |
|---|---|---|---|
| 「みんなで使うもの」ということを一貫して伝えていきましょう。 | まず保育者と二人で玩具を共有するところから始めましょう。 | 「貸して」「いいよ」などのやりとりを教え、実際にゆずりあいながら使ってみましょう。 | 友達と保育者と一緒に、玩具を共有しながら遊ぶ体験をしましょう。 |

---

## B ルールを理解していても玩具を独占したい気持ちが強い

幼児期は、自己中心性が強いため相手の気持ちがわからず、自分の思いを優先することがあります。保育者と一緒に遊ぶ中で相手の気持ちに気づくことや友達と遊ぶ楽しさを伝えていきましょう。

| Step1 | Step2 | Step3 | Step4 |
|---|---|---|---|
| 玩具を独り占めしてしまうと、友達と一緒に遊べないことを知らせましょう。 | 保育者が代弁することで、友達の気持ちに気づけるようにしましょう。 | 「一度に使える玩具は一つ」「何回使ったら交代」などルールを再確認しましょう。 | 友達に玩具をゆずってあげられたときは十分にほめましょう。 |

◆**気持ちを制御する力を育てる**

　家庭では、集団保育の場と異なり、自分の玩具を飽きるまで使っても注意されることはありません。また、以前にくらべて少子化で家庭における子どもの数が減る一方、一人の子どもが自由にできる玩具の数は増えています。

　発達障害の子どもはもちろん、だれでも好きな玩具を好きなだけ自由に使いたいものです。その気持ちを友達との関わりの中で制御することは、フラストレーションをともないます。フラストレーションに耐える力は、がまんする経験を積むことによって身につくものです。

　自分の思いをコントロールすることが苦手な子どもには荷が重い作業になりますが、小さなステップを踏んで少しずつ**フラストレーションに対する耐性**をつけていけるようにし

たいものです。

◆**園でのルールを伝える**

　集団での遊びは、家庭での遊びと守るべきルールが異なるということを教えましょう。集団の中で、複数の子どもがそれぞれ楽しめるようにするには、少しずつみんなでがまんをしなければいけません。このことを、遊びの中で知らせていきましょう。

　玩具の共有の仕方は、「貸して」と言葉をかけるなどの**ソーシャルスキル**を教えることや「3回使ったら次の人に貸す」などの具体的な**ルール**を定めることで示していきましょう。

## C　自分の世界を壊したくない

人への関心が希薄な子どもは、自分の世界の中に他者が入ってくることを拒んだりすることがあります。自分の世界を保つために必要な玩具であれば、共有することはむずかしくなります。まずは保育者が子どもの世界を共有することから始め、少しずつ世界を広げていくようにしましょう。

| Step1 | Step2 | Step3 |
|---|---|---|
| 子どもの遊びの場に寄り添いましょう。 | 子どもの世界に保育者が少しずつ関わりを持つことで、子どもの世界を広げていきましょう。 | 子どもが好む遊びの中に「役割交代」や「順番」など、他者と関わるうえでのスキルを少しずつ取り入れていきましょう。 |

# 人の気持ちや場の空気が理解できない

気になる ポイントチャート

```
人の気持ちや        相手の表情や        思ったことを        自分が優先で
場の空気が    →    周りの状況が   →    すぐに行動や   →    相手の気持ち
理解できない        理解できない        口に出して          がわからない
                                        しまう
```

→ YES → NO

A へ　　　B へ　　　C へ

## A 相手の表情や周りの状況が理解できない

コミュニケーション能力が未熟なため、場の空気や相手の表情を読み取りにくいことがあります。一方的に話して友達を困らせたり、言葉の意味を取りちがえることが多かったりしないか観察しましょう。

| Step1 | Step2 | Step3 |
|---|---|---|
| 保育者が相手の子どもの気持ちを代弁したり、状況を解説してあげましょう。 | 表情の絵カード★や写真を使って、相手の気持ちを考える遊びをしてみましょう。 | 「××という言い方をすると相手は悲しい気持ちになるから、○○と言いましょう」などと対応の仕方を伝えましょう。 |

## B 思ったことをすぐに行動や口に出してしまう

衝動的に行動する傾向がないか、日頃の様子をていねいに観察しましょう。衝動的な子どもは悪気がなくても相手の気持ちを無視してしまったり、場にそぐわない行動を取ってしまったりすることがあります。

| Step1 | Step2 | Step3 |
|---|---|---|
| 衝動的な行動をしてしまったときには、助言を交えて振り返らせましょう。 | 衝動的に行動しやすい活動では、事前に気をつけるべきことを伝えておきます。 | 衝動的な行動が表れていないときにほめ、子どもが自分の行動を客観視できるようにしましょう。 |

◆すぐ伝えたい衝動を抑える

　子どもは楽しかったことやできるようになったことなどを、すぐに伝えたい衝動に駆られます。それは年齢が低いほど、より強く表れます。

　そのような、子どもの「伝えたい」という思いを認めながら、待つことや順番の大切さを知らせていく指導も、ときには必要になってきます。そしてそのことが、相手の気持ちや場の空気を読むという力の成長にもつながっていくでしょう。

◆社会性を育てるために

　場の空気や表情を読み取る力は、子どもが発達の中で自然と身につけていくことが多いでしょう。

　しかし、保育者からの意図的な関わりによって、初めてその力を伸ばしていくことができる子どももいます。ていねいに子どもの

発達に寄り添いながら、いろいろな状況を想定して一緒に考える場を持ったり、繰り返し指導していくことで、社会性の育ちへとつなげていくことができるでしょう。

◆家庭環境の理解も大切

　指導をする前に、子どもの気持ちに余裕があるかを確認してみましょう。

　保護者が支配的であったり、下のきょうだいが生まれたばかりでがまんを強いられていたりするような家庭状況にいると、園の同年齢の友達との関わりでは、自分の思いを押し通そうとする場合もあります。

 **自分が優先で相手の気持ちがわからない**

子どもの気持ちに余裕がないときや、葛藤を適度に経験していない場合は、自分の思いを優先させてしまうことがあります。他者との関わりの中で自分の思いばかりを通してしまうと、相手はどのような気持ちになるかを具体的に伝えましょう。

| Step1 | Step2 | Step3 | Step4 |
|---|---|---|---|
| 子どもが置かれている環境（家庭での養育方針など）を把握しましょう。 | 子どもの気持ちを十分受け止めたうえで、ときにはがまんしたり、ゆずったりしなければならないことを伝えましょう。 | 自分の思いを上手に抑えられたときには評価して、何がよかったのかを具体的に子どもにフィードバックしましょう。 | ソーシャルスキルトレーニング＊などを取り入れて、他者との関わり方を積極的に身につけていきましょう。 |

# ほかの子に話しかけられても反応しない

気になる ポイントチャート

| ほかの子に話しかけられても反応しない | → | 好きな遊びに夢中になっていて気づかない | → | 友達の名前が覚えられない | → | 聞きのがしたり聞き漏らしたりしている | → | 話の内容が理解できず応答できない |
|---|---|---|---|---|---|---|---|---|

→ YES → NO

A へ　　B へ　　C へ　　D へ

---

## A 好きな遊びに夢中になっていて気づかない

夢中になっているときに、大きな声で呼びかけたりすることは逆効果です。子どもが注意を向けてくれるような誘い方の手本を、保育者がほかの子どもたちに示しましょう。

| Step1 | Step2 | Step3 | Step4 |
|---|---|---|---|
| 子どもの視界に入るように移動して、視線を合わせましょう。 | 「○ちゃんどこにいます?」「ここです、ここにいます!」などのやりとり遊びをしてみましょう。 | 「はい」「何ですか」「後で」など、呼ばれたときの返し方を教えましょう。 | その子の好きな遊びの予告を友達にしてもらいましょう。 |

---

## B 友達の名前が覚えられない

自分の名前を言われたけど、声をかけてくれた友達は「知らない子」ではとまどいます。友達の名前を早く覚えられるように、新年度の友達は写真で掲示しましょう。

昨日はメガネかけてたけど、今日はしてないね

| Step1 | Step2 | Step3 | Step4 |
|---|---|---|---|
| 出席を取るときは、返事だけでなく手を挙げさせるなどしましょう。 | 友達の髪型や服装が変わるととまどう子どもには、言葉で補いましょう。 | 「昨日一緒に砂遊びした○○ちゃんだよ」と紹介して思い出しやすくしましょう。 | 友達と名前を呼び合うような、やりとり遊びを繰り返しましょう。 |

## ◆友達に関心を示さない理由

発達障害の子ども以外にも、友達が楽しそうに遊んでいても興味を示すことなく、一人遊びに夢中になっている子どもがいます。

今までに遊びの経験がとぼしい場合や、まだ感覚の遊びを好む段階にいることなどがその原因です。

## ◆顔の記憶に課題があることも

発達障害の子どもは、人の顔の特徴をとらえることが苦手で、いつも一緒にいる友達の顔が見分けにくいことがあります。もしかしたら、話しかけてくる友達の顔を覚えていないために、「自分の知らない子だから無視しよう」と思っているのかもしれません。

また、話しかけられていることが聞き取れなかったり、内容が理解できなかったりして、うまく応答できずに困っていることも考えられます。

## C 聞きのがしたり聞き漏らしたりしている

不注意優勢型＊のAD/HDの子どもは、ぼーっと夢を見ているような状態です。意識が相手に向いてないときに声をかけられても、子どもは対応に困ってしまいます。

| Step1 | Step2 | Step3 | Step4 |
|---|---|---|---|
| 声をかける前の合図（肩をトントンするなど）を決めてみましょう。 | 名前を呼んで注意が向けられたら、話し始めましょう。 | 一度に聞き取れる会話の長さを確認して、伝言遊びなど正しく聞き取る遊びをしましょう。 | 「もう1回言って」とお願いしてもよいことを教えましょう。 |

## D 話の内容が理解できず応答できない

理解できない外国語で話しかけられているときのように、話しかけられていることはわかっても、どのような言葉を返したり態度で示したりしてよいのかがわからず不安な状態と考えると、子どもの気持ちが理解しやすいでしょう。

| Step1 | Step2 | Step3 | Step4 |
|---|---|---|---|
| 具体的に「どうぞ」とものを渡すことから始めましょう。 | もらったら「ありがとう」を言うスキルを繰り返し教えましょう。 | 身振りや表情にも注意を向けられるようにしましょう。 | 友達に聞き返すか、大人に説明してもらう解決方法も教えましょう。 |

# よくけんかをしてしまう

気になる ポイントチャート

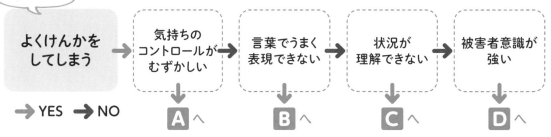

| よくけんかを<br>してしまう | → | 気持ちの<br>コントロールが<br>むずかしい | → | 言葉でうまく<br>表現できない | → | 状況が<br>理解できない | → | 被害者意識が<br>強い |
|---|---|---|---|---|---|---|---|---|

→ YES → NO

**A**へ　　**B**へ　　**C**へ　　**D**へ

---

## A 気持ちのコントロールがむずかしい

衝動性のコントロールはむずかしいことですが、気持ちが受け止められたと感じる体験を重ねることで、少しずつ調整できるようになります。子どもに共感しながらも毅然(きぜん)とした態度を取ることが重要です。

| Step1 | Step2 | Step3 | Step4 |
|---|---|---|---|
| 行動を制止し、落ち着かせるため静かな場所へ連れていきます。 | 理由を尋ね、子どもの気持ちを代弁して受け止めましょう。 | 「たたく代わりに○○と言ってみよう」と代わりの行動を教えましょう。 | 「待つ」「がまんする」という姿が少しでもみられたらすぐにほめましょう。 |

---

## B 言葉でうまく表現できない

言葉がうまく出てこないために、つい実力行使してしまう場合は、その場で適切な言葉の使い方を教えます。短くはっきりと伝えましょう。

| Step1 | Step2 | Step3 | Step4 |
|---|---|---|---|
| 「ダメ」と制止するより、名前を呼んで「×カード」を示しましょう。 | ひどい言葉を言ったときには、その場で代わりの言葉を教えましょう。 | 「貸して」「一緒に」「順番」などの言葉を使う手本を示しましょう。 | 子どもが適切な言葉を使っているときには、しっかりほめましょう。 |

◆衝動性をコントロールできない

　発達障害の子どもは、目の前の物事に衝動的に反応してしまうことがあります。**自分の意にそぐわない**と、すぐにイライラしてかんだり、手や足が出てしまったりします。また、**自分が正しいと思っていること**を否定されたときなど、うまく言葉で言い返せなくてけんかになる場合もあります。子どものけんかが保護者同士の関係に影響をおよぼすこともあります。まずは、けんかを止めることが先決です。

◆**乱暴をする子**と決めつけない

　トラブルの回数が増えると、「怖い子」「すぐ怒る子」と周りの子どもは思うでしょう。保育者の対応が強くしかることだけに偏ってはいけません。しかるほど、子どもたちも「あの子は悪い子」と決めつけて、何でもその子どものせいにするという悪循環が起こります。すると、「どうせぼくなんか」といじけて被害者意識を強めてしまうのです。

## C 状況が理解できない

友達がならべている玩具を「使っていない」とかんちがいしたり、ならんでいる列に気づかないで割り込んだり、周りの状況がきちんと把握できていないことによるトラブルです。

| Step1 | Step2 | Step3 | Step4 |
|---|---|---|---|
| 表情の絵カード★などを使って、友達の気持ちに気づかせましょう。 | トラブルの状況を、紙芝居や人形劇などで再現してみせましょう。 | ロールプレイング＊で、実際の動き方や言葉がけを考えましょう。 | トラブルが予想される活動では、事前にシミュレーションをしましょう。 |

## D 被害者意識が強い

「次に貸すって言ったのにうそつき」と主張するなど、相手の言葉の意味や意図がきちんと理解できていなかったり、誤解していたりするトラブルです。「ぼくだけ貸してくれない」などと思い込みがちです。

ぼくだけ
かしてくれない…

| Step1 | Step2 | Step3 | Step4 |
|---|---|---|---|
| 子どものそばに寄り添い、淡々と言い分を聞きましょう。 | クールダウンできたら、相手の言葉の意味や意図を説明しましょう。 | 絵本などの読み聞かせの機会に、言葉の意味や意図を教えましょう。 | 自分の誤解に気づき、修正できたときはしっかりほめましょう。 |

# 相手のいやがることを言う

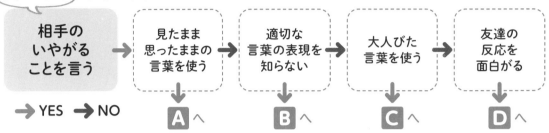

気になる ポイントチャート

| 相手の<br>いやがる<br>ことを言う | → | 見たまま<br>思ったままの<br>言葉を使う | → | 適切な<br>言葉の表現を<br>知らない | → | 大人びた<br>言葉を使う | → | 友達の<br>反応を<br>面白がる |
|---|---|---|---|---|---|---|---|---|

→ YES → NO

A へ　　B へ　　C へ　　D へ

## A 見たまま思ったままの言葉を使う

人の気持ちや場の状況を理解できないため、心の中で言うべきことをそのまま言ってしまうのです。その場で、ていねいに根気よく対応しましょう。

| Step1 | Step2 | Step3 | Step4 |
|---|---|---|---|
| 集団から離して、個別にその子どもの気持ちを聞きましょう。 | 思いついたことは、保育者にだけ伝える、という約束をしましょう。 | 保育者に伝える言葉はささやき声で、と約束しましょう。 | ボリューム0の声が「心の中で思う」ことと伝え、意識するように援助していきます。 |

## B 適切な言葉の表現を知らない

子どもが乱暴な言葉を安易に使っているときは、本当はもっと違う気持ちを伝えたいのに、うまく言葉が見つからないのかもしれません。頭ごなしにしからず、適切な言葉を教えましょう。

| Step1 | Step2 | Step3 | Step4 |
|---|---|---|---|
| その子どもの本当の気持ちを聞き出しましょう。 | 具体的にどういう言葉で表現するとよいかを教えましょう。 | その場で一緒に、適切な言葉を言ってみましょう。 | うまく言えたことを認め、繰り返し使えるようにしましょう。 |

◆ 人の気持ちを理解しにくい

　自閉症の傾向がある子どもは、人の気持ちを想像したり、理解したりすることが苦手です。そのため自分が見たまま、感じたままを言葉にしてしまい、相手を不快にさせることがあります。

　また、AD/HD の傾向がある子どもは、いやなことがあったときなどに、**感情をうまくコントロールすることができず**、衝動的に「向こうへ行け」「死ね」などの言葉を言ってしまうことがあります。自分の気持ちを表現するための適切な言葉が出てこないのです。

◆ 大人びた言葉を使う

　同年齢の子どもが使わないようなむずかしい言葉をならべ、相手を攻撃する子どももいます。

　大人に対しても同じように言うため、保育者が気持ちを逆なでされてしまい、**子どもを叱責する原因となる可能性もある**ので注意が必要です。

## C 大人びた言葉を使う

記憶力がよく語彙（ごい）は豊富なのですが、場の雰囲気や相手の表情を理解できずに言葉で相手を圧倒してしまう子どもがいます。場に応じた言葉遣いを一緒に考えることが大切です。

| Step1 | Step2 | Step3 | Step4 |
|---|---|---|---|
| ふさわしくない言葉は、その場で保育者が言い換えましょう。 | 同じ状況でも子どもと大人で言い方が違うことに気づかせましょう。 | クラスでロールプレイング＊をしていろいろな言い方を考えましょう。 | 状況に合わせて言い換えることができたときには、しっかりほめましょう。 |

## D 友達の反応を面白がる

たまたま言った言葉で周囲の子どもが反応すると、面白がってわざとまた言う場合があります。自分に注目してもらっていると、かんちがいして、何度も繰り返すこともあります。

| Step1 | Step2 | Step3 | Step4 |
|---|---|---|---|
| 保育者はその言葉に反応しないようにしましょう。 | 周囲の子どもたちにも「先生を見てね」と言い注意をそらすようにしましょう。 | 「今はその言葉は言いません」と注意しましょう。 | 適切な言葉を使っているときにはほめ、認められる場をつくりましょう。 |

# 自分が勝たないと泣いてしまう

気になる ポイントチャート

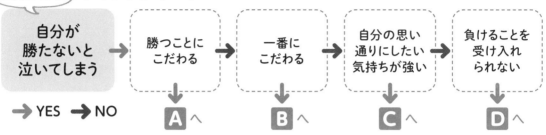

| 自分が勝たないと泣いてしまう | → | 勝つことにこだわる | → | 一番にこだわる | → | 自分の思い通りにしたい気持ちが強い | → | 負けることを受け入れられない |

→ YES → NO

Aへ　Bへ　Cへ　Dへ

---

## A 勝つことにこだわる

勝つと自分がうれしいだけでなく、「大人にほめられる」という体験を積むことで、勝つことへの執着を強める結果をまねいてしまうこともあります。保育者は言葉をかける際に十分留意しましょう。

| Step1 | Step2 | Step3 | Step4 |
|---|---|---|---|
| 「勝った人だけうれしい」遊びを安易に取り入れないようにします。 | ゲームには勝ち負けがあることを視覚化して伝えましょう。 | 最後までねばり強くがんばる姿勢を認めましょう。 | ルールを守ることが「勝つ」ことよりも大切と知らせましょう。 |

---

## B 一番にこだわる

勝負だけでなく、列にならぶときも一番でないと気がすまないなど、「一番」にこだわる子どもがいます。保育の中で「一番に集まれたね」などと一番を誇張する言葉を使い過ぎていないか振り返りましょう。

| Step1 | Step2 | Step3 | Step4 |
|---|---|---|---|
| 一番になれなくても、その子のがんばったところをほめてあげましょう。 | 「一番最後から」「一番小さいから」など、いつもと逆の価値基準を示してみましょう。 | 曜日や名前順、生まれ月順など、一番の位置が代わる体験をしましょう。 | 前の子どものやり方を見てわかるなど、二番や最後の順番でのメリットも強調しましょう。 |

## ◆「勝つこと」「一番」へのこだわり

4歳頃の子どもは、勝負の意味がわかるようになり、競争が大好きです。その分、勝負で勝つことにこだわる子どもも多くトラブルになることもあります。

特に発達障害の子どもは、0か1かの極端な思考パターンが強く、勝ちに固執する傾向があります。

## ◆勝つことがすべてではないと伝える

友達とハラハラドキドキしながら勝ったり負けたりする、ゲームのプロセスが楽しめず、負けかけると中断したり、機嫌が悪くなったりすることもあります。

負けても次は勝てるかも、と先を想像できないため、気持ちを切り替えて、次にがんばろうという気持ちを持つことがむずかしいのです。

保育者がふだんの保育の中で、ついつい勝つことだけを認めるという価値基準を示していないか振り返ることも大切です。

## C 自分の思い通りにしたい気持ちが強い

負けが見えてきたらゲームをやめてしまう、泣いて相手に当たり散らすなどを繰り返されると、大人はたいてい「仕方ない」とわざと負けてやります。すると子どもは負けたときの気持ちの切り替え方を学べません。

| Step1 | Step2 | Step3 | Step4 |
| --- | --- | --- | --- |
| 「最後まで参加します」「泣きません」のルールを決めましょう。 | 泣いてパニック*になったら、別の場所でクールダウンしましょう。 | 毅然として、泣いても「勝ち」が自分の手に入らないことを説明します。 | 次に勝つためにはどうすればよいかを、一緒に考えましょう。 |

## D 負けることを受け入れられない

負けるとすべてが終わりのような感覚にとらわれがちなので、「次はがんばろう」「明日は勝つぞ」などの言葉で、「負け」のくやしさをコントロールすることを覚えていきましょう。

| Step1 | Step2 | Step3 | Step4 |
| --- | --- | --- | --- |
| 「勝ち負け」を何回も繰り返すことができる、じゃんけん遊びを楽しみましょう。 | 保育者が負けてみせ「くやしいけど次がんばるよ」と手本になりましょう。 | ほかの子とくらべずに「前よりがんばった」と自分の中の成長に気づかせましょう。 | 負けても堂々としている姿がみられたら、「心の強さ」をほめましょう。 |

# 友達の顔や名前が覚えられない

気になる ポイントチャート

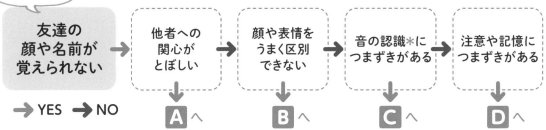

| 友達の顔や名前が覚えられない | → | 他者への関心がとぼしい | → | 顔や表情をうまく区別できない | → | 音の認識＊につまずきがある | → | 注意や記憶につまずきがある |

→ YES　→ NO

A へ　　　B へ　　　C へ　　　D へ

---

## A　他者への関心がとぼしい

名前を覚えないという以前に、友達への関心が薄い場合があります。周囲の人に適切に関心が持てるようにサポートしていきましょう。

| Step1 | Step2 | Step3 | Step4 |
|---|---|---|---|
| 視線が合いにくかったり、共同注意＊などに問題がないか確認しましょう。 | コミュニケーションが相互に取れているか、チェックしましょう。 | 友達と関わっているとき、「ゆう君にあげたのね」など、保育者が名前を交えて声をかけましょう。 | 花いちもんめなど、意識的に名前を呼び合う遊びの輪に参加するようにします。 |

---

## B　顔や表情をうまく区別できない

発達障害の子どもの中には、他者の顔の区別が苦手な子がいます。表情が変わらない写真などを使うと覚えやすいことがあります。

| Step1 | Step2 | Step3 | Step4 |
|---|---|---|---|
| 「怪獣の絵の帽子は○○君のだよ」などと伝え、友達の身につけるものに注目する機会をつくりましょう。 | 「○○ちゃんは積み木が好きだよ」などと伝え、友達の特徴に注目させましょう。 | 名前を記入した友達の写真カードをつくり、教室に貼っておきましょう。 | 友達の写真カードをつくって、カルタ（保育者が読み上げた名前の友達カードを取る）をしましょう。 |

#### ◆顔の特徴を認識できない

私たちは、相手が髪型や表情を変えても、一貫した特徴から同じ人物だと認識することができます。

しかし、発達障害の子どもの中には、他者の顔の特徴の区別がしにくかったり、表情が変わるだけでも同じ人物だと認識しづらくなったりする子がいます。「顔をよく見て」と伝えるだけではなく、背の高さやほくろの位置など、変化しにくい手がかりを伝えてあげるとよいでしょう。

#### ◆音を認識する力が弱い

音の認識につまずきがあると、友達や先生の名前の認識があいまいになります。たとえば「かっちゃん」と「たっちゃん」などがうまく区別できないことがあります。

聞きまちがいは、そのまま言いまちがいにも通じます。日頃の子どもの様子からこのような点につまずきがないかチェックしておきましょう。

## C 音の認識につまずきがある

音の認識が弱いと名前を覚えにくくなります。日頃の様子をていねいに観察して、その子のつまずきに気づくことが大切です。

| Step1 | Step2 | Step3 | Step4 |
|---|---|---|---|
| 聞き返しが多くないか確認しましょう。 | 言いまちがい（エレベーター・トウモロコシなど）が多くないかチェックしましょう。 | 聞き分けやすく、言いやすい友達の呼称を考えましょう。 | 音や言葉を聞き分ける遊びを取り入れましょう。 |

## D 注意や記憶につまずきがある

注意力や記憶力が弱いことで、友達の名前が出てこないことがあります。友達の名前を何かと関連づけて覚えるなどの工夫をしましょう。

| Step1 | Step2 | Step3 | Step4 |
|---|---|---|---|
| あいさつや当番のときに、友達の名前を呼んだり聞いたりする機会を多く取り入れます。 | 印象に残りやすいように、短くわかりやすい呼称を使うのもよいでしょう。 | 友達に「ちょっと」「ねぇ」などと呼びかけているときには、保育者が友達の名前を言い添えてあげましょう。 | 「髪の長い◯◯ちゃん」など、友達の名前が浮かびやすいように意味づけるなどの工夫をしましょう。 |

# 気になる子を「特別扱い」しない

●「個別の配慮」と「集団への配慮」

　発達に偏りがある子どもには、その子に合った「個別の配慮」が必要だということがいわれています。しかし、多くの保育は集団で行われます。集団全体への配慮と、気になる子どもへの個別の配慮を両立させることは、ときに矛盾として感じられるかもしれません。

　ユニバーサルデザイン＊という言葉があります。2006年に国連総会で採択された「障害者の権利に関する条約」第二条の中で「ユニバーサルデザインとは、調整または特別な設計を必要とすることなく、最大限可能な範囲ですべての人が使用することができる製品、環境、計画及びサービスの設計

をいう」とうたわれています。最近では身近な生活の中に、握力が弱い人でも扱える水栓レバー、大きく押しやすい電気スイッチなど、ユニバーサルデザインのものが増えてきました。

　これらの製品は、従来の製品の使用に不自由さを感じていた人だけでなく、実際はだれが使っても使いやすいものです。

●よい配慮は、クラス全員に伝わる

　保育の中にもユニバーサルデザインの考え方を応用してみましょう。子どもが注意をそらすことなく活動できるよう保育室の動線を見直す、しっかり指示を聞いてほしいときはイラストなど目で見ても理解しやすいものを添えて伝えるなど、できることはたくさんあります。

　気になる子どもが活動の流れに乗りやすくなるような工夫をすれば、それはたいてい、どの子どもにもよい配慮になっているはずです。

　「特別支援」の「特別」は、けっして「気になる子」をほかの子どもと線引きするための言葉ではなく、ほかの子どもたちの活動をも豊かにする意味があるものなのです。

# 第4章

# 保護者への
# 対応のポイント

# 保護者の抱えている
# ストレスを想像しよう

わが子の将来への不安、日々の育児の大変さ……。
発達障害の子どもを持つ保護者は、つねにストレスにさらされています。
保護者の気持ちに共感しながら、サポートしていきましょう。

## 保護者もしつけを模索してきた

発達障害の子どもに接するとき、保育者は通常の保育よりもかなり苦労をするはずです。「家庭でのしつけが十分ではないのではないか」と思うこともあるはずです。

では、このような子どもの保護者はしつけを何もしてこなかったのでしょうか。発達に偏りがある子どもの場合、「言いきかせる」「ほかの人の行動を見て学ばせる」などの一般的な方法が通用しないことがあります。

しかし、保護者は公の場では子ども本位に動くわけにいかず、周囲に迷惑がかからないように、子どもをきびしくしかることになります。効果がなければ叱責はだんだんエスカレートすることになるでしょう。常識的なしつけ方を試して、うまくいかない経験を重ねれば、保護者の育児に対しての自信は、少しずつ失われていくことでしょう。

## 保護者のストレスの原因は?

育児は一年365日、のがれようのないものですから、保護者の負担はかなりのものです。発達に偏りのある子どもの保護者は、つねにストレスにさらされることになります。

ストレスという言葉には「ストレッサー」と「ストレス反応」という2つの要素があります。ストレッサーというのは、悩みの原因となるもののことです。発達障害の子どもの保護者が持ちやすいストレッサーは、次の5つが代表的なものでしょう。

①わが子の育て方（付き合い方）がわからない
②ほかの子どもと比較してしまう
③親子で集団（社会）参加する機会が制限される
④ほかのきょうだいや家族の世話が十分にできない
⑤自分自身の時間（仕事を含む）が取れない

さらに、家族間でも認識のずれがあったり、ほかの人から配慮のない言葉をかけられたりすることもあるでしょう。事前の心の準備がないまま、医師から障害の告知を受けること自体も保護者を苦しめます。

##  ストレス反応と個人差

一方、ストレス反応とはストレッサーによる精神的・身体的反応のことです。おもなストレス反応には次のようなものがあります。

①気分が晴れない、いつも不安などの抑うつ・不安反応
②ささいなことでカッとする、つねにイライラするといった怒り反応
③何に対しても意欲がわかない、集中力が落ちるなどの無気力反応
④倦怠感、頭痛、腹痛などの身体反応

ストレス反応が生じることで、保護者は心身の健康を損ないがちになり、ひいては育児にも悪い影響が出てしまいます。

ストレス反応の表れ方には個人差があります。この違いは、ストレッサーに対してのとらえ方からきます。つらい事柄を拡大評価したり、価値の判断にとらわれて「これは、あってはならないこと（わが子が障害を持っているべきではない）」などと考えるとストレス反応は強まります。

同様に、「この私に、こんな大変なことは乗り越えられるわけがない」などと、自分が困難に対処する力を低く見積もりすぎてもいけません。

##  保育者は保護者のサポーター

このように、「どんな困難を抱えているか」だけでなく保護者が「その困難をどのようにとらえているか」ということがストレスの強さを左右するのです。

保護者が子どもの問題に対して適切なとらえ方をして前向きに対処していくためには、本人が感じている困難に共感しながら的確で具体的な支援をしてくれる存在が必要です。

子ども支援は保護者支援です。関係機関と連携＊を取りながら、保育者は保護者の身近で心強いサポーターになりましょう。

# 保護者への支援の前に
# 知っておきたいこと

保護者が、現実を受け入れていくまでには、
長い時間がかかります。まずは、「まず何から支援するべきか」
優先順位を整理していきましょう。

## 障害受容までのプロセス

　子どもの問題に気づいたとき、保護者はその重い現実をどのように受け止めるのでしょうか。

　障害受容＊までのプロセスは、①ショック→②否認→③悲哀・怒り→④適応→⑤再起のプロセスをたどるといわれます。

### ■ 障害受容までのプロセス

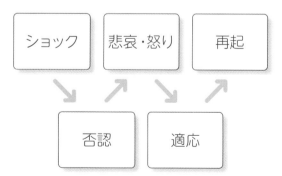

　大きな問題に直面したときには時間をかけて、ある経過をたどらないと、なかなか現実にしっかり向き合うことはできないのです。発達障害の子どもの保護者の気持ちを理解するうえで、このプロセスを頭に置いておくことは、とても大切です。

## 保護者の気持ちを受け止める

　ただし、気をつけなければならないのは、このプロセスのたどり方は人によって、また家庭によって、それぞれ異なるということです。現実に向き合うことができるようになる段階に達するまでに、長い時間がかかることもあります。また、現実を受け入れて前向きに踏み出すことができたとしても、子どもをとりまく状況は日々変化していきます。

　保育所や幼稚園に通って、わが子の様子が同じ年頃のほかの子と違うことを目の当たりにすることもあります。そんなとき、入園前

には受け止められていた問題にふたたび直面して、理屈では整理できない感情が保護者を苦しめることも想像できます。

進級したとき、小学校に入学したときなど、子どもの人生の節目ごとに保護者はその感情と向き合うことになります。保育者は、このような保護者の思いを知っておく必要があります。やみくもに励ますのではなく、ときには保護者の悲嘆をしっかりと受け止めることが重要です。

##  保護者の「期待」を整理する

保護者には、子どもに対してこうなってほしいというさまざまな期待があります。

なかには、現実的ではない期待もあるかもしれませんし、期待することが多すぎるかもしれません。保育者はその思いを受け止めつつ、**保護者が子どもに期待している事柄を、現実に照らし合わせて整理していく必要があ**ります。その過程で優先順位がはっきりして、何から始めるとよいかという見通しを持ちやすくなるでしょう。

また、保護者は、子どもに対する思い入れが強いために、子どもの問題を過大評価、あるいは過小評価しがちです。また、誤ったとらえ方をすることもあります。そこで、子どもに期待することを整理すると同時に、子どもの問題を客観的にアセスメント＊する必要があるのです。

そのためには日頃からていねいな行動観察を行い、場合によっては、関係する専門機関を紹介することがあるかもしれません。

アセスメントを行い、子どもの特性を理解したら、得られた情報から**その子に合った支援の手立て**を考えて、実際に行っていきましょう。

適切な支援を行うことで、少しでもよい変化がみられれば、それは保護者にとっても子ども自身にとっても何よりの励みになるものです。

第4章　保護者への対応のポイント

# 保護者と何を伝え合う?
# 情報交換のポイント

保育者と保護者では、まったく異なる子どもの側面が見えている
かもしれません。おたがいのとらえ方を伝え合うことが、
その子をより深く理解することにつながります。

### 🌿 保護者と保育者で異なるとらえ方

　子どもの問題について保育者と保護者が話し合うとき、その問題点に対するとらえ方が異なることがあります。

　たとえば、保育者が「集団活動の中で一人だけ勝手なことをする」ということを気にしていても、保護者は、「子どもとはそういうも

の、わが子はのびのびしているだけ」などと、発達に関連した課題としてはとらえていないことがあります。

　その一方、保育者がそれほど重視していない「まだ文字を書くことが不正確、絵をかくことも苦手」といったことが、保護者には大きな問題としてとらえられているような場合あります。どちらが重要かという視点ではな

く、保育者と保護者が、それぞれ何を重視するか、その違いを知っておくことが大切です。

##  園と家庭で変わる子どもの行動

保育の現場と家庭では、環境がまったく違います。保育所では、同年齢の子どもの中で時間を区切って集団行動をします。一方、家庭は、一番身近で緊張をともなうことのない存在である家族と、比較的自由な時間の使い方をする環境です。

このように環境がまったく異なるため、子どもの反応も異なって当然です。園と家庭で問題の表れ方が異なるのは、環境の違いが原因である場合が多い、ということを心にとめておきましょう。

##  「よい面」もしっかり伝える

園での様子を保護者に伝えるときには、とかく困った部分を中心に話してしまいがちですが、ネガティブなことばかりでは、保護者はストレスを強く感じます。

子どもを注意深く見ていると、以前できなかったことができるようになっていたり、問題となる行動の表れ方も変わってきていたり、かならずよい変化に気づくはずです。よい面は具体的なエピソードを交えて保護者に伝えていきましょう。

##  問題点だけを言いっ放しにしない

子どもの問題を保護者に伝えるときには、一歩まちがえると両者の間に気持ちの摩擦が生じてしまいます。そこで、問題を伝えるときには次の4点を念頭に置くとよいでしょう。

1　問題点を具体的なエピソードを交えて伝える●工作の説明のとき、話を聞かずに勝手に始めようとした
↓
2　その問題に対しての保育者なりの解釈を伝える●騒がしい環境では注意・集中がむずかしくなるようだ、など
↓
3　解釈をもとに工夫した点を伝える●席を保育者の近くにする、全体に説明した後、個別に説明を繰り返す、など
↓
4　その工夫の成果を伝える●工夫を加えてから集中が少し続くようになってきたようだ。または、この工夫ではあまり変化がなかったので説明の直前に声かけをして、説明のポイントをイラストなどで補うようにしようと思っている、など

このようにすれば保護者は、保育者から悪い点を一方的に指摘されているという印象を持つことなく、子どもの問題について一緒に前向きに取り組むことができるでしょう。

# 保護者の心を支える言葉がけ

毎日の送迎、保護者会や行事のときなど、保護者との会話は
信頼関係を築くチャンス。同じことを伝えるにも、言い方を変えることで、
もっと保護者の気持ちに寄り添うことができます。

## ～なところが○○ちゃんのよいところですね。

問題点ばかりでなく、子どものよい点も積極的に保護者に伝えたいものです。ただし、やみくもにほめることは避けましょう。子どもでも、保護者でもほめられてうれしいのは、その事実が実感として自分でも納得できたときなのです。

## お疲れさまでした。大変でしたね。もう大丈夫ですよ。

わが子の行動を上手にコントロールできないと、保護者は自信を失い育児に対して心細く思うものです。子どもの支援者は保護者だけではないということ、苦労に共感しているということ、などを言葉にして伝えましょう。

## ○○ちゃんは、お話ししたいことがすぐに頭に浮かんで、伝えようとしてくれるのですね。

たとえば、多弁で話し出すと止まらない子どもは、しばしば「静かにしなさい」「お口を閉じなさい」などと注意を受けるものです。

このようなときは、子どもの行動を否定するのではなく、子どもがなぜその行動を繰り返すのか、その背景を肯定してから言葉にしてみましょう。保護者にとって子どもを肯定的に受け止めてもらえることはうれしいことです。また、保育者の言葉によって子どもの行動への理解が深まることもあります。

## 以前とくらべて、ここがこんなに変わりましたよ。

同年齢の子どもたちの集団の中にいるわが子の様子を見ると、保護者はいやでもよその子と比較してしまうものです。また、ほかの子どもが、わが子以上のペースで成長していく様子を見れば、子どもの変化を見落としがちになります。

ほかの子どもと比較して不安になりがちな保護者には、その子ども自身の以前との違いを、具体的な内容を添えて伝えましょう。保護者よりも客観的な視点を持てる保育者ならではの言葉がけになるはずです。

## お母さんの○○の工夫が、今日こんなかたちで生かされていましたよ。

保護者との会話の中で、保護者から、最近工夫していることや対応の仕方を変えてみたということが話題にのぼる場合があります。

もし、それと関連するよい変化が活動の中でみられたら、忘れずに保護者に報告しましょう。また、保護者の工夫を保育の場にもいかせるようにアレンジして取り入れ、その結果を報告するのもよいでしょう。保護者にとって自身の努力を認めてもらうことは何よりの活力になるはずです。

## たまにはお母さんもリフレッシュしてくださいね。

保育者からこんな言葉をかけられれば、保護者は日々のストレスからとても解放された気分になることでしょう。

子どもに心配があるとき、保護者はストレスをためがちですが、子育てに真剣な保護者ほど責任感から、息抜きをすることに罪悪感を持つものです。しかし、保護者がストレスに前向きに対処できるためには心身のリフレッシュが不可欠です。保護者が、日々の生活の中で後ろめたさを持つことなく、気分転換や息抜きができるよう、言葉がけでサポートしましょう。

## お母さんはがんばっていらっしゃいますよ。

子どもの問題行動に大きな改善がみられていないとしても、日々保護者の努力は続きます。目立った成果がなければ、その努力を続けることは精神的に大きな負担となるでしょう。「私はこんなに大変なのだ」と保護者自身が訴えなくても、周囲にその大変さを理解してくれる存在がいればどんなに心強いでしょうか。地道な保護者の努力をねぎらい、評価しましょう。

# ほかの子の保護者への対応のポイント

●周囲の保護者に安心してもらうには

発達に偏りのある子どもは、ほかの子どもたちとトラブルになることが少なくありません。そのトラブルも、こだわりから特定の子どもに集中して向けられてしまうことがあり、その子どもの保護者が保育の場に不安を持つこともあります。また、手のかかる子どもと同じクラスになったために、保育者の目がわが子へ十分に行き届かないのではないかとの心配も生じることでしょう。まず、そのような周囲の保護者の心配をしっかりと受け止めましょう。

ときに、周囲の保護者間で内容を膨らませたかたちで情報が広がってしまうことがあります。そのようなことを避けるためには、保育者が保護者の不安を正面から受け止めて、「保育者―保護者」のホットラインを整えておくことが大切です。複数の保育者間でコンセンサス（合意）をとり、保護者への対応ができるようにしておくのもよいでしょう。

トラブルの対応は、どちらの子どもがよい悪いという評価ではなく、「事実」と「それぞれの子どもの視点と思い」を保育者が整理して、双方の保護者に伝えるとよいでしょう。さらに、今後どのように配慮していくかも具体的に添えると保護者は安心します。

●診断名の公表は慎重に

ときに診断名を公表して、周囲の保護者への理解を求めることがあります。これは当事者である保護者の要望であっても、慎重に行う必要があります。大切なのは、子どもの特性を周囲に正しく理解してもらい、その対応を適切に行うことです。

子どもは一人では育ちません。集団（社会）の中で他者と関わり合いながら成長していくものです。保育者の誠実な対応によって周囲の理解を広めることができれば、どの子どもにとっても充実した学びの多い毎日となるでしょう。

# 第5章

# 園で
# 連携して行う
# サポート

# 全員がのびのび過ごすクラスづくり

保育所・幼稚園では、発達障害の子どもとほかの子どもたちが
生活・活動をともにします。全員にとって居心地のよい保育の場にするために、
保育環境と、保育者の意識を見直してみましょう。

 **保育環境をユニバーサルデザインに**

ユニバーサルデザイン＊という言葉を知っていますか。「できるだけ多くの人が利用可能であるようなデザインにすること」という意味です。

発達障害の子どもにとっても、ユニバーサルデザイン化された環境は活動がしやすいものになります。また、幼児は同じ年齢であっても身体の成長、言葉の発達、入園までの発育歴など、発達障害のあるなしにかかわらず、個人差が大きいものです。その意味でも全員が活動しやすい環境をつくるということはとても重要です。たとえば、保育室では壁面掲

## ● 保育室をユニバーサルデザイン化するためのポイント

### 見てわかる配置を工夫しましょう

持ちものをしまう場所、自分の座るいすの場所など、登園してきた子どもの動線に合わせて配置しましょう。また感覚過敏＊のある子どもには、遊びのコーナーを棚で区切るなどして、静かに好きな遊びが楽しめる空間をつくりましょう。

### 一日の流れが見通せるようにしましょう

発達障害の子どもにとっては、突然行われる、いつもと違う活動が不安を高める原因となることもあります。あらかじめ、子どもにわかる絵や文字でスケジュールを伝えて、活動の予測が立てられるようにしましょう。

示などにさまざまな楽しい工夫をしていますが、刺激が多すぎたり、活動するときの動線がわかりにくくなったりしていませんか。子どもの目線から見直してみましょう。

###  子どもは保育者の姿を映す鏡

「私のクラスは、どうしていつも騒々しいのかしら？」「行事の本番になると緊張して力が出せないのはなぜ？」などと思ったことはありませんか。しかし、目の前にいる子どもたちの姿は、保育者自身の長所も短所も鋭く映し出す鏡なのです。

自分のいらだちや怒りなどの感情を、そのまま子どもたちにぶつけてしまっていないか、あらためて振り返ってみましょう。

いつも「温かみのある態度」と「情緒豊かで思いやりにあふれた言葉」の2つを持って子どもたちに接していれば、それが子どもたちにも伝わり、やがて発達障害の子どもにとっても居心地のよい雰囲気づくりへとつながっていきます。

###  「ふわふわウェーブ」と「とげとげビーム」

保育者が一人一人の子どもを大事にしているかどうかは、ドアの開け閉め、玩具の片づけや着替えの手伝い方など、何げない行動に表れます。保育者の「もうこんなことまでしなきゃいけないなんて」といういらだちは、「とげとげビーム」となって子どもに刺さり

ます。

「あいさつをする」「上靴にはき替える」など子どもたちが当たり前にしていることをしっかり認め、見守る姿からは、「ふわふわウェーブ」がクラス全体を包みます。自分が大事にされていると感じると、クラスの子どもたち全体にも、人に優しさを分ける余裕が生まれてくるのです。

###  「一番病」に気をつける

「誰が早いかな」「○○さんが一番」など、競い合うことは子どもにとっては楽しいゲームかもしれませんし、保育を手っ取り早く進める魔法のようなところがあります。

しかし、「早い」「強い」「多い」ということだけを認めると、クラスの雰囲気は殺伐としてしまいます。一番であることだけでなく、「みんなと違う工夫」や「毎日の継続」など子どもたちの個性に応じて、それぞれの素晴らしい点を認めてあげましょう。

# 園内での理解と連携を深める

一人の保育者だけでは、発達障害の子どもの行動に
細やかに対応していくには限界があります。
保育者同士が協力してその子を見守り、園全体でサポートしていきましょう。

 ## 子どもは保育者の協力する姿を見ている

一人一人の子どもに合わせた保育を展開するには、「自分のクラスの子」「自分の担当の子」というせまい枠組みをつくらずに、すべての子どもを同じように責任を持って見ていく保育者同士のチームワークが大切なのです。

そのためには保育者同士が、おたがいの得意な分野を伸ばし合い、苦手な分野を補い合うことが重要です。保育者同士がたがいに助け合い、個性を認め合うモデルを示すことで、子どもたちも同じように育ちます。そして、

その集団の中では、発達障害の子どもものびのびと活動できるようになっていくはずです。

 ## 自分の役割を意識する

発達障害の子どもの担当だからといって、その子どもの付き人になるのではありません。園で活動するときは、つねに「何のためにするのか」とその目的を意識しましょう。目的とは、「子どもに○○のことを学んでほしい、体験してほしい」という願いでもあります。

それを具体的に実践するためには、今自分の立場でできること、「ポジション」と「声かけのタイミング」を、つねに頭に置いて行動すればよいのです。

たとえば、複数の保育者で子どもの集団を見守るときには、すべての子どもが保育者の視野に入るように対角線上にポジションを取るようにし、製作などの活動で子どもが一方向を向いているときは、手本を見ている子どもの視線をさえぎる位置に自分が立っていないかなどに気をつけます。また、指示の声か

けは「短く明瞭に」、指差しなどの身ぶりによる表現を意識して取り入れましょう。そして、指示を出しているほかの保育者の声に、自分の声がかぶさっていないか注意し、子どもにきちんと必要なことが伝わっているかを意識しましょう。

##  伝える技術を磨き合う

子どもに自分の思いがうまく伝わらない、自分の意図と違った受け止め方をされてしまう、そんな経験はありませんか。このような問題は、意識してトレーニングすることが大切です。まず、同僚の保育者とペアを組み、自分の言いたいことを、**要領よく的確に、興味を持って聞いてもらえるような伝え方**ができているかどうか、たがいに評価し合ってみましょう。

このことを続けていくと、自然に**「ほかの保育者はどのように伝えているか」**に関心が向き、場面に応じた効果的な伝え方を身につけられます。また、「相手の話に耳を傾ける」技術もアップします。コミュニケーションスキルがつたない発達障害の子どもの声にも、苦手だった送迎時の保護者との対話にも、細やかに対応できるようになるでしょう。

##  情報を共有する大切さ

発達障害の子どもは、集団活動からはずれて一人で別の遊びに夢中になっていることが

あります。それぞれの遊び場に分かれて見守っている保育者同士で、しっかりと情報を伝え合いましょう。

たとえば、「今日、○○ちゃんはいつものように砂場で穴を掘るだけでなく、穴に水を入れようとしていたよ」などと、**遊びの内容を伝え合う**ことで、クラス全体の遊びを砂場遊びに移行して、その子どもと触れ合う機会を持たせることができます。反対に、「イライラして砂を投げていたよ」という情報であれば、その子どもが落ち着くまで、ほかの子どもたちを近づけないようにそっと見守ることもできます。

また、発達障害の子どもは、言葉でうまく気持ちを伝えることが苦手です。一例として、「おやつあげるの」が反対に「おやつほしい」という意味だったりします。**その子独特の伝え方がわかる保育者が、周りの保育者と情報を共有する**ことで、園全体でその子どもへの理解を深め、温かく対応することができるようになります。

# 指導計画の立て方

発達障害の子どもの困難さに応じて、きめ細かい保育をしていくためには、
個別の指導計画の作成が大切です。ここでは、目的に応じた
さまざまな指導計画の作成のポイントと、その実例を紹介していきます。

##  はじめは「気づきシート」から

担任になったばかりの保育者が、一人だけで気になる子どもの個別の指導計画＊を立てるのは、なかなかむずかしいことです。

そこで、手軽に取り組めるのが、「気づきシート」 A です。

毎日の保育日誌を書くときに、その日に気になった子どものエピソードを記入します。1日1枚のシートを書くことから始めてみましょう。

そして、1週間分くらいたまったところで、自分の書いたものを見直してみましょう。書く分量が少ないので、負担感が少なく取り組めます。

具体的な活用例を一つ示します。

保育園の4歳児クラスの先生は、この気づきシートを書きためてみると、B君のエピソードが多いことに気がつきました。1週間たって振り返ると2つのことがわかりました。

> ①B君は言葉で自分の気持ちを表現するのが苦手である。
> ②C君とのトラブルが多い。

そこで、次の週は、B君に対して「いけま

## A 気づきシート

### 気づきシート

子どもの実態を把握する（エピソード収集）
4歳児　ひまわり組　氏名（B君）　記録者D　○月○日○時

| 場面 | 気になる行動 | 担任の対応 | 考えられる理由 |
|---|---|---|---|
| 園庭でかけっこしているとき、C君がB君にふざけて「遅い」と言う | B君は、怒って、C君を追いかけ何回も頭をたたく | 「友達をたたいてはいけません」と注意する | 興奮すると、言葉より先に手が出てしまう |

せん」と注意するのではなく、「『やめて』っ
てお口で言いましょう」と伝えることと、C
君のほうからB君に接触しようとするとき
にすばやく担任がそばに行き、見守るように
気をつけました。

　B君が言葉で自分の気持ちを表現できるよ
うになるには、しばらく時間がかかりました
が、C君とのトラブルになる状況は激減しま
した。B君とC君の間を担任が仲介すること
で、二人の関係がスムーズになったのです。

　この「気づきシート」をクラスの担任だけ
でなく、いろいろな立場の職員にも書いても
らうと、担任の保育者の知らなかった子ども
の一面を見ることもできるようになります。

## 「ステップアップ指導計画」の作成

　個別の指導計画は、形式にこだわる必要は
ありませんが、子どもの今の課題を明確にし
て、次の手立てを考えるには、有効なツール
なので、ぜひチャレンジしてみましょう。初

心者には、下のような「ステップアップ指導
計画」Bが作りやすいと思います。

　ステップアップ指導計画の「項目」の欄に
は、気づきシートAの「場面」に相当する
内容を記入し、1から4のスモールステップ
＊での目標を考えます。そのときには、本書
の第3章を参考にしたり、園の先輩の保育者
に相談したりしてみましょう。

　そして、1段階ずつステップアップしてい
くための手立てを考えて記入し、**実際に達成
できたステップを「評価」の欄に記入しましょ
う。**

　また、冒頭に「領域」の記入欄をつくるよ
うにしましょう。そこに、「保育所保育指針」
や「幼稚園教育要領」にある5つの領域「健
康」「人間関係」「環境」「言葉」「表現」の中
から該当する項目を記入しておくと、保育所
児童保育要録や幼稚園幼児指導要録をまとめ
るときにも参考になります。

## B ステップアップ指導計画

### ステップアップ指導計画（C君）

| 領域 | 項目 | 1 | 2 | 3 | 4 | 評価 |
|---|---|---|---|---|---|---|
| 言葉 | 質問したとき（表出） | 無視・答えない | イエス・ノーは答えられる | 真似をして言える | 自分の気持ちを言葉で言える | 3（4月） |

☆保育者の手立て・配慮すること
　4月の段階で、「3　真似をして言える」なので、モデルを示してたくさん真似をしてもらう。
　2学期の評価が、「4」になるように、言葉がけを工夫する。

## ステップアップ指導計画をまとめる

　日々の保育実践を重ねて、その子のステップアップ指導計画の分量がある程度まとまってきたら、1枚の個別の指導計画C の形にまとめてみましょう。

　項目を「健康」「言葉」「人間関係」「表現」「環境」の各領域ごとにまとめて、さらに、現在の評価や、次の段階に進むための支援や環境調整の手立てについても、欄を設けて記入します。

　また、レーダーチャートの欄をつくって、評価の数字をレーダーチャートで示してみましょう。こうすることで、子どもの発達の様子や、これからの課題が一目瞭然となります。

## C 複数のステップアップ指導計画のまとめ

令和〇〇年度　個別の指導計画(1学期)

| 氏名 | A君 | 生年月日 | |
|---|---|---|---|
| 性別 | 男 | 家族構成 | |
| 入園までの特記事項 | | | |
| 相談歴・医学的情報 | | | |

| 領域 | 項目 | 現在の様子 | |
|---|---|---|---|
| 健康 | 1. 情緒の安定 | クラス替えでやや緊張 | |
| | 2. 運動 | 身体を動かすことは好き | |
| | 3. 操作(利き手:右) | ハサミの扱いでは保育者が手を貸す | |
| | 4. 生活習慣 | 声をかけないとできない | |
| 言葉 | 5. 言葉(理解) | 自分勝手な理解で納得 | |
| | 6. 言葉(表出) | 説明はできる | |
| | 7. 絵本 | 好んで見る | |
| 人間関係 | 8. ルールのある遊び | 自分なりのルールで解釈 | |
| | 9. 対人関係 | 特定の友達と遊ぶ | |
| 表現 | 10. 表現活動 | 絵画表現は幼い | |
| 環境 | 11. 自然との関わり | 興味は薄い | |
| | 12. 家庭との連携 | 言いたいことが言えていない | |
| プロフィールの概要 | | | |
| 今学期の指導目標 | | | |

令和○○年○月○日現在　　　　○○市立○○保育園

| 平成○○年○月○日<br>（5歳10か月） | クラス | くま組（5歳児）<br>男15名・女13名 | レーダーチャート |
|---|---|---|---|
| 4人家族（父・母・本人・妹） | 担任 | C先生 | 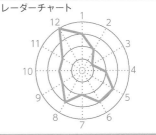 |

友達と活発に遊んでいるが、けんかしたときに手が出て言葉で説明することができなかった。

熱性痙攣（けいれん）の既往歴有り

| 1 | 2 | 3 | 4 | 評価 | 次の段階に行くための支援・環境の調整 |
|---|---|---|---|---|---|
| 不安定・分離不安 | 先生との安定した関係 | 特定の場・人との安定 | クラスでの安定 | 3 | もめごとのときは保育者が仲立ちをして本人の気持ちを代弁する |
| しない・避ける | 関心はあるが持続しない | 時間はかかるができる | スムーズに楽しめる | 2 | 不得意な種目にも興味を持って関われるようにする |
| しない・避ける | 言われればする（不器用） | ぎこちないが、興味を持ってやろうとする | 集中する・操作は円滑 | 1 | プリントを折る、弁当を包むなどの手作業を通して手先を動かす機会をつくる |
| 無関心・できていない | 先生と一緒にする | 指示されるとできる | 自発的にする | 2 | 興味がそれないように言葉をかける |
| しない・無関心 | 簡単な呼びかけや話しかけは理解できる | 日常会話がわかる | 話の内容がわかり、話し手の心情がわかる | 3 | 保育者の話がよく聞き取れるような場所に席を設定する |
| しない・無関心 | 簡単な要求を伝える | 自分の思うことや経験したことを話す | 自分の思うことや経験したことを筋道を立てて話す | 3 | 自分の正当性を強く訴えるときがある。共感し友達の気持ちを教師が伝える |
| 見ない・避ける | 特定の絵本や場面に興味を向ける | いろいろな絵本に興味を持ち、だいたい内容がわかる | 長めの物語にも興味を持ち、その面白さや感想について話す | 2 | 友達と共通のイメージで遊ぶなど絵本を通して友達との関わりを増やす |
| しない・避ける | 誘われると参加する | ルールがわかり参加する | 協力してゲームを楽しむ | 3 | 勝つことへの執着が友達との関わりの中でよい方向へ向かうように援助する |
| 一人遊び | 大人とは関係成立 | 二者関係（上下・対など） | グループで協力 | 2 | できるだけ友達との関わりが持てるような場を構成する |
| 消極的 | 幼いが楽しめる | 意欲的にする | 友達の刺激を受け、自分なりに工夫する | 2 | 身体表現は好きなので友達と認め合える機会になるようにする |
| しない・無関心 | 関心はあるが持続しない | 自分から興味を持って関わろうとする | 進んで関わり、試したり考えたりする | 2 | 絵本などを通して話題にする |
| 無関心・できていない | 園から言われればする | 連携に対する意欲がある | 子どもの状態を的確に把握し、協力的である | 4 | 保護者の不安を聞き、通級教室と連携する |
| 保護者は言葉が出にくいことを気にしているが、言葉で説明しようという気持ちは持っている。自分の気持ちをうまく言葉にできなかったり、相手の気持ちを思うことができなかったりする。<br>保育者は本人が納得できない気持ちに寄り添い共感して気持の安定を図る。 | | | | 支援の評価 | 友達に手を出さないという約束を極力守ろうとしている。仲よしの友達が困っていると、もめている中に入っていって助けようとする思いはある。自分のしたことを言葉で説明しようとしている。 |

第5章　園で連携して行うサポート　指導計画の立て方

## D 一般的な形式の個別の指導計画

個別の指導計画（9月～12月）　　E保育園　　作成年月日：8月30日（最終評価12月14日）　　作成者：担任G

| No, 1 | 名前 | F子 | 令和○○年12月3日生 | 4歳児 |
| | | | （4歳9か月） | りんご組 |

| | |
|---|---|
| 生育歴 | ・一人っ子。マンションの高層階の家から出ることが少なかった。 |
| | ・怖がりで、公園のすべり台やブランコでは遊ぼうとしなかった。 |
| 基本的生活習慣 | ・大変時間はかかるが、自分の身の回りのことは一応できる。 |
| | ・午睡時にパジャマの前後をよくまちがえる。 |
| | ・立ったままでは、ズボンははけない。 |
| 運動 | ・外遊びはあまりやろうとせず、ボール遊びは怖がる。 |
| | ・片足立ちが不安定で、ギャロップやスキップはできない。 |
| | ・疲れやすく、誘われると一応参加するが長続きしない。 |
| 言葉 | ・語彙は豊富で、おしゃべり。 |
| コミュニケーション | ・絵本は好きで、自分から友達に読み聞かせをしようとする。 |
| 遊び | ・ままごとやお店屋さんごっこなど、室内の遊びが好き。 |
| | ・外へ出ても、園庭の隅で砂遊びをしている。 |
| | ・折り紙やハサミを使う製作などは、不器用で、自分の思う形にならないと泣く。 |
| 対人関係 | ・おとなしい特定の女の子の友達とよく遊ぶ。その子どもがいないときは不安そうにぽつんとしていることがある。 |
| | ・活発な男の子が苦手。靴箱の前で押されて転び、大泣きしたことがあった。 |
| 家庭との連携 | ・母親は、パート勤務。比較的送迎は遅くて早い（9時半～4時）。 |
| | ・父親は一人娘で可愛くて仕方がない様子で過保護気味。母親はさっぱりしている。 |
| 関係機関との連携 | ・1歳半健診のときに歩き方のぎこちなさを指摘されたが、「様子を見ましょう。外でたくさん遊ばせてください」と言われた。 |
| 課題 | ・経験不足だけでなく、本児の運動の苦手さの背景には、感覚・運動面の育ちそびれがあるように思われる。 |
| 目標 | ・手足をしっかり動かす運動遊びに楽しく取り組めるようになる。 |

| 月 | 9 月 | 10 月 | 11 月 | 12 月 |
|---|---|---|---|---|
| 月の目標（短期目標） | 両足でフープ跳びができる | 10個のフープを両足跳びできる | グーパー跳びができる | ケンケンパー跳びができる |
| ● 手立て | ●「1、2、サーン」で跳ぶよう動きに合わせて声をかける。横で一緒に跳ぶ。 | ●「今日は○個に挑戦」と自分なりに目標を決めて取り組むようにさせる。 | ●フープ跳びのコースにグーパー跳びするコースを増やし、変化のある跳び方に挑戦させる。「グーパー」とゆっくり声をかける。 | ●グーの部分を「ケン」と言いながら片足で跳ぶようにする。 |
| ★支援 | ★毎朝つないだフープを用意しておき、全員で取り組み、終わったらシールを貼る。 | ★運動会の競技では、フープ5個、10個、15個の3つのコースを用意し自分で決めたコースに取り組ませる。 | ★好きな友達と二人組で声をかけ合いながら取り組ませる。 | ★「どっちの足をあげる?」とする前に確認する。 |
| 全体の配慮事項 | | | | 友達が跳ぶときは、ケンケンパーと言いながら手拍子をし合う。 |

## 一般的な形式の指導計画をつくる

　子どもの様子が、文章で書けるようになってきたら、一般的な形式の個別の指導計画[D]にもチャレンジしてみましょう。

　文章は短く端的にまとめなくてはいけませんが、あまりまとめすぎると、どの子どもにも同じような文言になるので、先の気づきシートで書いたように、具体的なエピソードを入れておくほうが、わかりやすいものになるでしょう。

　基本的なことですが、子どもの課題の中から、優先課題として1学期間（3〜4か月）で取り組みたいと思うことを目標に挙げ、毎月の目標を「短期目標」＊として挙げます。小・中学校では、長期目標を1年間、短期目標を1学期間として立てる場合が多いのですが、幼児期は子どもの変化が大きいので、学期（3〜4か月）ごとに見直すことが重要です。

## 複数の保育者による指導計画の共有

　長時間保育で時間帯によって担当が変わる場合や、日常の保育以外に、英語教室・学習教室や体操・サッカー教室、リトミックの時間など担任の保育者以外が指導を行う時間がある場合は、担当者ごとの評価欄を設けた個別の指導計画（[E]・次ページ）が使いやすいでしょう。活動ごとに、その時間帯の担当者が書くことになりますが、複数の目でとら

えた子ども像を1枚にまとめるため、多面的な見方ができるというメリットがあります。

　目標が多くなりすぎないことと、学期ごとの評価の統一性を持たせること、書く人によって評価の基準が変わらないことなどに注意しましょう。

## 保育指導計画の日案とのリンク

　個別の指導計画は、つくることが目的なのではなく、それをもとに子どもへの日々の指導を行うためのものです。しかし、つくっただけで後は関係機関との話し合いのときや年度末の評価のときまで、保管庫に入れたままという現場の声も耳にします。

　そうならないために、保育指導計画（日案）にも個別の指導計画の手立て・支援や配慮事項を盛り込んでいくことが大切です。配慮を要する幼児への支援を書く欄を設けた、保育指導計画の日案[F]をつくっておきましょう。

　このように、日案の時間の流れを縦糸とするならば、それぞれの時間での個別の配慮を考える横糸が個別の指導計画なのです。両者がうまくかみ合うことが、一人一人の子どもを大切にする保育になります。

　一人の保育者の気づきを全体の保育に広げる大切なツールとして、個別の指導計画をうまく活用してください。

## E 複数の担当者で作る個別の指導計画

令和○○年度　個別の指導計画（No３：１月から３月）　　　　　　　　　作成日：１月10日

| No.16 | 名前：H男　（男） | 3歳児（ひよこ組） | 担任：I先生 |
| | | 男（16）人・女（14）人 | 補助：J先生 |

| 入園前・前年度からの引き継ぎ事項 | 入園前の１年間、療育機関で親子教室（週１回）に通った。入園にあたって、４月は母親に付き添いを依頼する。パニックは減り、スムーズに園生活に適応している。 | 家族構成<br>父・母・兄（小1）祖母の５人家族 |

| 時間 | 活動内容 | ◎個別の目標 | ☆手立て | 評価（担当） |
|---|---|---|---|---|
| 8:00〜 | 早朝保育 | ◎集中して好きなブロックで遊ぶ。 | ☆H男が集中できるようブロックのコーナーを仕切る。 | コーナーに自分が先に入っていれば大丈夫。（早出K先生） |
| 9:00〜 | 好きな遊び（園庭・室内） | ◎砂場の玩具を友達と一緒に使うことができる。 | ☆H男を「砂場の玩具配り係さん」として、ほかの子どもが勝手に玩具を出さないようにする。 | 「配り係」が気に入って友達に玩具を渡せる。（J先生） |
| 10:00〜 | クラスの遊び（製作・ゲーム・音楽・表現） | ◎苦手なピアニカの音があっても、保育室から出ていかない。 | ☆ピアニカ練習の間は、ヘッドホンをつけるかどうか尋ね、H男がつけてから、ピアニカの練習を始める。 | 急に音が鳴らないことがわかってきて、10分くらいは逃げ出さなくなった。（I先生） |
| （木曜のみ）10:30〜11:30 | 課題遊び（リトミック・英語・体育遊びなど） | ◎合図を聞いてから、サーキットを始める。 | ☆サーキットのコースは、写真を貼ったボードで示し、笛の合図で動く。始める場所やコースの変更はOKとする。 | 「笛が鳴るまでだるまさん」とだるまの絵を指差すと戻ってきて座る。（体育指導担当L先生） |
| 11:30〜 | お弁当・給食 | ◎「いただきます」の合図で食べる。 | ☆準備の間、音楽をかけ、音楽が終わったら「いただきます」と言うことを続ける。 | 準備は手伝う必要があり、ウロウロしているが、食べずに待つ。（J先生） |
| 12:30〜 | お昼寝 | ◎お昼寝の時間、絵本の部屋で静かに過ごす。 | ☆無理に寝させようとせず、別室で静かに過ごせればよい。 | ごろんとカーペットに寝そべって絵本を見る。（時間パートMさん） |
| 3:00〜 | おやつ | ◎「いただきます」の合図で食べる。 | ☆準備の間、お弁当と同じ音楽をかけ、いすに座って待つ。 | おやつは大好きなので、いすに座って待つようになった。（J先生） |
| 4:00〜 | 延長保育 | ◎園庭の中で保育者と二人で遊ぶ。 | ☆門から勝手に飛び出さないよう、外遊びの間は個別に担当が付き一緒に遊ぶ。 | 母親が来る時間を知らせておくと待てるようになった。（延長保育担当N先生） |
| 生活習慣 | 身辺処理・トイレ | ◎「これでおしまい」の部分だけ自分でする。 | ☆最初の部分は手伝うが、食器を運ぶ、ズボンをあげるなど最後は自分でするように見守る。 | 機嫌がよいとするが、うまくいかないと手をかむ。（J先生） |
| 行事場面 | 誕生会・遠足・運動会・音楽遊び・異年齢交流など | ◎全員が静かに人形劇を見ているときだけ参加できる。 | ☆絵本の部屋から、「○分になったら人形劇」と遊戯室に行く時間を前もって知らせておく。 | 誕生会の後半の人形劇には参加できるようになった。（I先生） |

## F 保育指導計画の日案

（きりん）組の保育指導日案

| 11月9日（火） | | 5歳児（きりん組） | | 配慮を要する幼児（P君・Q さん・R君） | |
|---|---|---|---|---|---|
| | | 担任：O先生（男児14名女児12名） | | | |
| 時間 | 活動内容 | 予想される幼児の活動 | 環境構成 | | |
| | | | 全体への配慮 | 個別の配慮 | |
| 8:45～ | 登園する所持品の始末 | 持ちものの始末をする。 | 一人一人とあいさつしながら健康観察。 | P.Q用に写真入りスケジュールを貼っておく。 | |
| 9:00～ | 好きな遊び（砂場・遊具・ままごとなど） | ・どんぐりや葉っぱを使ったままごと遊びやサッカーをする。 | 砂場のそばにままごと道具を用意。 | P:「葉っぱがお皿の代わりだよ」と言葉で見立てを補う。 | |
| | | | サッカーチーム用ゼッケンとゴールを用意する。 | R:ゼッケンと同じ色の旗をゴールにつけ確認。 | |
| 10:15～ | 集会（みんなで体操） | 4歳児クラスと一緒に「世界一のピース」の体操をする。 | のびのびと身体を動かせるよう園庭いっぱいに広がらせる。 | Q:担任と一緒に好きな友達の後ろで真似しやすい動きを真似させる。 | |
| | | | | R:保育室に入る順番を確認し、友達を押しのけないでもどれたらほめる。 | |
| 10:30～ | クラスの遊び（製作遊び）「マラカス作り」 | ペットボトルにフウセンカズラの種やどんぐりを入れて、音の違いを楽しみながら楽器をつくる。 | マラカスづくりに必要な油性ペンやテープを準備する。 | P:保育者のつくった見本のマラカスで音を楽しませる。 | |
| | | | | R:つくった後友達と鳴らして遊べるよう好きな曲をかける。 | |
| | | マラカスの製作。 | 友達同士でくらべたり音楽に合わせたりできるよう曲をかける。 | Q:個別の作業コーナーで補助のT先生と一緒につくる。 | |
| | 絵本を見る「どんぐりむら」 | 「どんぐりむら」の絵本を見る。 | 絵本を見ながら気づいたことを話す。 | R:最後まで集中して見ることができたらほめる。 | |
| 11:30～ | お弁当を食べる | 弁当の用意をして食べる。 | 自分たちで準備が進められるよう見守る。 | Q:手順表を見ながら、一つ一つ確認させる。 | |
| 12:30～ | 自由に遊ぶ | 食べ終わった後は、静かに保育室で遊ぶ。 | ブロックやパズル、絵本を用意。 | P.Q:お気に入りのコーナーで選んだ遊びを一人で楽しむ。 | |
| 13:30 | 降園準備 | 明日の予定を話し合う。降園準備をする。 | 話し合いの中で、明日の活動に期待感を持たせる。 | P.Q:明日用にスケジュールボードを一緒に変えていく。 | |
| 14:00 | 降園する | | | | |

# 卒園・就学に向けてのサポート

●「気になる子」は小学校に適応できる

「小1プロブレム」＊という言葉が知られるようになって、小学校1年生の段階での学習態度の形成が不十分な子どもが多いことが問題とされ、発達障害の子どもたちが学級崩壊の芽になるとささやかれたこともありました。

しかし実際には、幼児期からていねいな支援を受けている子どもたちの就学はスムーズで、小学校に支援を引き継いでもらうことで学校生活への適応が前進している場合がほとんどです。

●「学習レディネス」を把握する

5歳児クラスでは、小学校への就学を視野に入れて、日々の保育を見直しましょう。それは、小学校に向けた早期教育をするということではなく、学習の土台となる「学習レディネス」＊といわれる準備についての見直しです。これは日々の保育活動を充実させることで自然に身につくものです。

しかし、発達障害の子どもは、「学習レディネス」のもととなる一つ一つの力のアンバランスが大きいので、就学前に個別の指導計画に、その実態を整理しておくことが欠かせません。

また、子どもの学習レディネスのうちの苦手な部分に対して、園でどのような支援を行っているかが重要です。そして、その支援の「うまくいった部分」と「うまくいっていない部分」を、小学校へ伝えるためにも記録しておきましょう。

発達障害の特性から起こる問題や状況を小学校に対して伝え、継続した育ちへのサポートをつないでいくことが大切です。

| 学習レディネス | 学力 | | | 想像力 | | 適応力 | | 生活力 | | |
|---|---|---|---|---|---|---|---|---|---|---|
| | 基礎的な運動能力 | 考える力・工夫する力 | 視覚を活用する力 | 聴覚を活用する力 | 基礎的な言語力 | わかりやすく話す能力 | コミュニケーション能力 | 安定した対人関係を育む力 | 集団へ参加する力 | 情緒的な感覚 |

**基 礎 的 意 欲**

成長の基盤(家庭)

安全の確保・探求の充足・人との共感的な関係によってつちかわれる、
安心感・満足感、気持ちのゆとり、健康的な身体

＊資料編

## 発達障害の理解に役立つ

 本書の中で使われている発達障害に関する基本用語を選び、その意味を説明しています（本文中に＊マークで表示しています）。

**＊あ** .................................................

**愛着**…子どもと主たる養育者の間に育まれる情緒的な結びつきのこと。愛着は乳児期から幼児期にかけて4つの段階で発達する。愛着形成は、後々の対人関係にも影響をおよぼす。

.................................................

**アセスメント**…評価・査定・判断という意味であるが、保育の場では子どもを理解するための実態把握のことを指す。行動観察、発達検査など多角的な視点から行われることが望ましい。

.................................................

**運動企画**…ある行動をするために、それまでの感覚や運動の経験と、そのときの感覚体験をもとにして、新たな身体の動かし方とその流れをつくりあげる能力のこと。

.................................................

**音の認識**…音韻認識（音韻意識）とも言う。言葉の中に含まれる音の単位に対する認識。たとえば「ライオン」という言葉であれば「ダイオン」でも「ライヨン」でもなく、「ラ」「イ」「オ」「ン」という音から構成されており、その順番は「ラ→イ→オ→ン」であるということを認識すること。音韻認識は「聞く」「話す」能力だけでなく「読む」「書く」能力にも大きく関与する。

**＊か** .................................................

**学習レディネス**…学習の準備態勢のこと。子どもの側に、ある事柄を身につけるために必要な能力や環境が整っていること。効果的な学習を行うためにレディネスが整

うのを待つべきだという説と、子どもに合った方法を用いれば必ずしもレディネスを待たずとも学習は可能だと考える説がある。

.................................................

**感覚過敏**…特定の音を嫌う、光を非常にまぶしがるなど、感覚に対する外部からの刺激に対して、過敏に反応すること。

.................................................

**感覚統合療法**…脳に入ってくる感覚情報を統合することによって、運動、行動、学習などの問題を軽減する訓練のこと。

.................................................

**感覚鈍麻**…感覚過敏と同様に感覚異常のひとつで、感覚刺激の受け止め方が鈍い状態のこと。

.................................................

**感覚防衛反応**…触覚や聴覚などの過敏性から、不快な刺激をことさら避けようとする反応。集団行動への不適応の原因になりやすい。

.................................................

**共生社会**…障害者等が積極的に参加・貢献していくことができる社会、互いの違い（多様性）を尊重し認め合える社会のこと。共生社会の理念にはインクルーシブ保育（多様な子どもたちを包括する保育）の考え方も含まれる。

.................................................

**共同注意**…指差しや視線などを通して、人が見ているものに、一緒に注意を向けること。

.................................................

**クールダウン**…パニック状態になったとき（またはなりそうなとき）に気持ちを鎮めること。園内に、クールダウンのための静かな別室やパーテーションで区切った刺激の少ない空間を用意しておくとよい。

**クレーン現象**…何かしてほしいことがあるときに、そばにいる人に言葉で伝えずに手を引っぱってその場に連れていき、その人の手をつかんで何かをさせようとする行為。

**個別の指導計画**…個別の配慮や指導が必要な子どもに対して、その子どもの特性や困難さに即して立てられる指導計画。アセスメントに基づいて目標（長期目標・短期目標）を立て、その目標を達成するための具体的な手立てを記す。手立てはその子どもの障害特性や得意な能力を考慮したものとする。

**混合型**…AD/HDのうち、注意力のなさが目立つ「不注意優勢型」と、多動や衝動性が目立つ「多動性・衝動性優勢型」の両方の特徴をあわせ持つタイプ。

**＊さ**

**視覚記憶**…目に映る視覚情報を記憶すること。音声などの聴覚情報の記憶は聴覚記憶と言う。子どもによっては、聴覚情報（例：先生から口頭で指示されたこと）を覚えておくことは苦手だが、視覚情報（伝えたいことを示した図やイラスト）であれば覚えやすい（またはその逆）ということがあるので、子どもが記憶に留めやすい形で情報を示すことが大切である。

**自己感覚**…自分は他者と別個の存在であると認識し、自分の身体のいろいろな機能を自分の意思でコントロールできることを肯定的にとらえる感覚。

**自閉症スペクトラム障害**…知的能力の水準の違いや、ほかの特徴の有無などにかかわらず、さまざまな自閉症を「連続体」として総称したもの。

**集団意識**…その集団を構成するメンバー間で共有される考え方や価値観、行動基準などのこと。

**小１プロブレム**…授業中に立ち歩くなど、集団行動を取ることがむずかしい児童が在籍している学級が、まとまりを失って授業や学級活動をスムーズに行えなくなること。

**障害受容**…障害をありのまま受け止め、障害を含めた生活への積極的姿勢を持つに至ること。障害受容のプロセスは5段階あるとされる（140ページ参照）。幼児の場合は、子ども本人以上に保護者の障害受容のあり方が大切である。

**情動**…「驚き」「恐怖」「喜び」「怒り」「悲しみ」などの感情のうち、一時的で急激なもの。

**触覚過敏**…人との触れ合いを嫌う、特定の素材に触れることをいやがるなど、触覚に対する外部からの刺激に対して、過敏に反応すること。「お気に入りの感触の服しか身につけない」「他者とのスキンシップ

発達障害の理解に役立つ用語集

163

を極端にいやがる」など。

**触覚防衛反応**…触覚過敏にともなう不快な刺激を避けるための反応。

**身体イメージ**…自分の身体の状態（姿勢のバランス、身体のサイズ、動く範囲、力の具合など）を的確にイメージすること。

**スモールステップ**…小さな目標を細かく設定し、それらをクリアしていくことで最終的に大きな目標を達成させる方法。

**ソーシャルスキルトレーニング（SST）**…社会的技能の訓練のひとつで、おもに集団生活の中での人との関わり方を身につけていくトレーニングの方法。

**粗大運動**…身体全体を使うような大まかな運動のこと。身体イメージと密接に関わる。

**＊た**

**多動**…状況によらず、絶えず体の一部分を動かしたり、座っているべきときに席を離れたりする状態。

**多動性・衝動性優勢型**…AD/HDのうち、多動や衝動性が目立つタイプ。

**短期記憶**…短期間保持される記憶のこと。たとえば、メモをとらずに電話番号を記憶して電話をかけ、かけ終わった頃にはその電話番号を思い出せないといった状態。

**短期目標**…個別の指導計画に記載する項

目の1つ。長期的（1年とすることが多い）な視野に立つ長期目標を最終ゴールとするならば、それに至るまでの小さな目標が短期目標とされる。およそ2〜3ヶ月で達成できる見通しで立てられることが多い。

**聴覚過敏**…サイレンなど特定の音を嫌う、BGMが流れていると落ち着かないなど、聴覚に対する外部からの刺激に対して、過敏に反応すること。

**動機づけ**…行動の出発点となり、行動の程度や方向性を決めるものである。ある行動を子どもがとりたがらないとき、ごほうびのシールを貼るなどして、動機づけを高めて行動につなげる場合がある。気をつけたいことは、たとえば大人の視点で魅力的だと思われる流行のキャラクターを使ったシールであっても、その子どもにとって関心の薄いものであれば、動機づけにつながらないということである。このような場合は、その子どもにとって魅力的で励みになるものにする必要がある。日頃から子どもの好きなものや関心を向けているものを把握しておくことが大切なポイントである。

**＊な**

**苦手意識**…特定の活動を苦手と考えて避けようとする気持ち。必ずしも不得意とは限らず、自信のなさや完璧主義などから生じることがある。

**二次的な障害**…LDやAD/HDなど、もともと抱えている障害（一次的な障害）に対して、失敗体験や周囲の無理解などが原

因で自信を失ったり情緒が不安定になったりすること。

## *は

パニック… 何らかのきっかけで強い不安や恐怖を感じたために生じる情緒的混乱。自閉症スペクトラム障害では、予想外の出来事（物の置き場所の変更、担当者の変更、スケジュールの変更など）からパニックを起こすことが多い。

微細運動…ハサミを使う、ひもを結ぶなど、手先の細かい運動。

不器用さ…発達障害の子どもは、手先の不器用さや運動発達の遅れなどが生じる発達性協調運動障害をあわせ持つ場合がある。ハサミやクレヨンの扱いがうまくいかなかったり、衣類の着脱に時間がかかったりするため、集団活動に困難さが生じやすい。

不注意優勢型…AD/HDのうち、不注意が目立つタイプ。

フラッシュバック… 突然、過去のいやな経験が生々しくよみがえって、不安、怒り、恐れなどを強く感じること。

## *や

ユニバーサルデザイン… 可能な限り大多数の人にとって扱いやすい、多様性に対応したデザインのこと。道具のデザイン、空間（環境）のデザイン、活動のデザインなどがある。

## *ら

連携…保育者が園内で他の保育者と協力したり、園外の関係者・関係機関と情報を共有し役割分担を行ったりすること。近年では、さまざまな領域の専門家（保育者、心理士、医療従事者、福祉関係者など）が、それぞれの専門性をいかして、チーム体制で1人の子どもの支援に携わる多職種連携が求められるようになっている。

ロールプレイング…ソーシャルスキルトレーニングでよく用いられる方法のひとつ。具体的な場面を想定し、複数の人があたえられた役割を演じて、人とのコミュニケーションのあり方について検討を行う。

## *わ

ワーキングメモリ…聞いたことをすぐその場で復唱するような単純な記憶とは異なり、覚えた情報を忘れないように頭に保持した状態で知的作業を行い、そのプロセスの途中で先に保持しておいた情報を参照するといった記憶のこと。たとえば、暗算でくり上がりのある計算をする、相手の話の内容を参照しながら会話するなど。

発達障害の理解に役立つ用語集

165

# サポートに役立つ
## アイディア ＆ グッズ

本書の第3章で取り上げた、気になる子の支援に役立つアイディアとグッズを紹介します（本文中に★のマークで表示しています）。

### ★ボール爆弾 [60ページ]

順番に話をする遊びです。話す順番の子どもが爆弾に見立てたボールを持ちます。ボールを持ったらカウントダウンを始め、話し終わるタイミングを意識させます。時間内に話し終わったら、次の子どもにボールを渡していきます。

### ★フープ鬼ごっこ [62ページ]

つかまることへの恐怖から、鬼ごっこに参加できない子どもの場合、フープを何個か置いておき、その中に入っているときは鬼につかまえられないというルールを示せば、逃げる場所が視覚的にわかりやすくなり、安心して参加できます。

### ★視覚的なタイマー [104ページ]

残り時間が目に見えるしかけのタイマーです。市販されているタイマーもありますが、工夫して画用紙でつくってみましょう。「赤い色がなくなったらおしまいです」などと、保育者が活動の残り時間を示します。

### ★一日の予定の視覚化 [105ページ]

保育室にホワイトボードや画用紙で、一日の予定を示しておくと、子どもはその日の活動の流れを見通しやすくなり安心できます。写真やイラストを使って、わかりやすくする工夫をしましょう。

## ★にぎるクレヨン［108ページ］

乳児用の画材として、市販されています。握る部分が太くなっていて、安定して握ることができます。食用の着色剤と蜜蠟でできているので、口に入れても安心です。

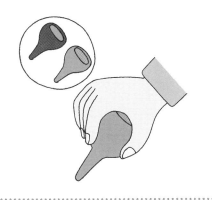

## ★ばねバサミ［108ページ］

ばねの力で刃先が開くので、握ることができれば使えるハサミです。大人と二人で握るものや、指を1本ずつ入れる形のハサミもありますので、子どもが使いやすいものを探しましょう。

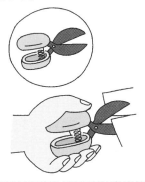

## ★しかけ絵本［113ページ］

イモ掘りをテーマに、地面が描かれている部分をめくると、土の中のイモが見えるなど、視覚的に工夫された絵本が多く出版されています。手作りをしてもよいでしょう。

## ★表情の絵カード［124・129ページ］

「うれしい」「悲しい」「怒っている」など、さまざまな表情が描かれたカードです。そのときの気持ちを示すツールとして使ったり、「友達とけんかしたときにはどんな顔になるかな?」と当てっこをする遊びをして、他人の気持ちに気づくきっかけとしたり、応用ができます。市販されているものもあります。

資料編

サポートに役立つアイディア&グッズ

167

●監修
上野一彦（東京学芸大学 名誉教授）

特別支援教育士スーパーバイザー。著書に『ケース別発達障害のある子へのサポート実例集（幼稚園・保育園編）』『ケース別発達障害のある子へのサポート実例集（小学校編）』『図解よくわかるLD』（ナツメ社）『ササッとわかる最新「LD（学習障害）」の子育て法』（講談社）など多数。

●執筆
小林　玄（東京学芸大学 障がい学生支援室 講師）
高畑芳美（梅花女子大学 心理こども学部 こども教育学科 准教授）
藤原圭子（学校法人みどり学園 みどり幼稚園 副園長）
米田順子（保育士）


装丁　　　　● 荒川浩美（ことのはデザイン）
本文デザイン● 中田聡美
イラスト　　● 矢寿ひろお
　　　　　　● 池野なか
　　　　　　● 三角亜紀子
編集協力　　● 広山大介（株式会社 桂樹社グループ）
企画編集　　● 石原さやか（株式会社 ユーキャン）
　　　　　　● 池田朱実（株式会社 ユーキャン）

正誤等の情報につきましては、
下記「ユーキャンの本」ウェブサイトで
ご覧いただけます。
https://www.u-can.co.jp/book/information

# ユーキャンの発達障害の子の保育 さいしょの一冊　第2版

2013年 6月28日　初版　 第1刷発行
2020年10月23日　第2版 第1刷発行
2021年 5月17日　第2版 第2刷発行
2022年 5月17日　第2版 第3刷発行
2023年 6月 1日　第2版 第4刷発行

編者　　　ユーキャン学び出版 スマイル保育研究会
発行者　　品川泰一
発行所　　株式会社 ユーキャン 学び出版
　　　　　〒151-0053
　　　　　東京都渋谷区代々木1-11-1
　　　　　Tel.03-3378-1400
発売元　　株式会社 自由国民社
　　　　　〒171-0033
　　　　　東京都豊島区高田3-10-11
　　　　　Tel.03-6233-0781（営業部）

印刷・製本　シナノ書籍印刷 株式会社

※落丁・乱丁その他不良の品がありましたらお取り替えいたします。お買い求めの書店か自由国民社営業部（Tel.03-6233-0781）へお申し出ください。